Hans Jürgen Schellbach

Du kannst, was du willst

Hans Jürgen Schellbach

Du kannst, was du willst

Grundlagen und Anwendung des Schellbach-Systems

Herder Freiburg · Basel · Wien

Für meine Frau Monika.
Sie gibt mir die entscheidende Kraft.

Graphik S. 79, 97, 98, 117: Melanie Waigand-Brauner, Freiburg
Satz: Barbara Herrmann, Freiburg
Belichtung: Johannes Schimann, Ingolstadt
Druck und Bindung: Freiburger Graphische Betriebe 1993
Gedruckt auf umweltfreundlichem, chlorfrei gebleichtem Papier
ISBN 3-451-23099-2

Die Zukunft hat viele Namen.
Für die Schwachen ist sie das Unerreichbare.
Für den Furchtsamen ist sie das Unbekannte.
Für den Tapferen ist sie die Chance.

Victor Hugo

Inhalt

Über dieses Buch

Lieber Leser,
dieses Buch habe ich für den Menschen geschrieben, der nicht nur seinen materiellen Erfolg vor Augen hat, sondern der weiß, daß zu einem wirklich erfüllten Leben genauso Gesundheit, innere Harmonie und Zufriedenheit, aber auch Glück und Erfolg im Umgang mit den anderen Menschen gehören. Aber auch für den Menschen, der weiß, daß Erfolg im Leben auf viele verschiedene Grundlagen und Fundamente aufgebaut ist, und der bereit ist, sich mit diesen Grundlagen auch zu beschäftigen.
Sie gehören zu diesen Menschen, und ich möchte Ihnen jetzt schon zu Ihrem Entschluß, sich mit Ihrem „Leben" zu beschäftigen, beglückwünschen.
Auf den kommenden Seiten werden wir uns gemeinsam mit den Bereichen beschäftigen, die zu einem wirklichen und dauerhaften Lebenserfolg führen.
Seit über 65 Jahren beschäftigt sich das Schellbach-Haus, das mein Vater Oscar Schellbach 1921 gegründet hat, mit der Frage, was jeder Mensch, jeder von uns, egal in welcher Position und in jeder Situation, tun kann, um ein möglichst erfolgreiches, harmonisches und zufriedenes Leben zu führen.
Seit diesen Jahren haben weit über fünf Millionen Menschen die verschiedensten Veranstaltungen des Schellbach-Hauses besucht und in Vorträgen, Seminaren und

Schulungen wichtige Anleitungen für ihren persönlichen Lebenserfolg mit nach Hause genommen.
Viele große Firmen sind nach der Schellbach-Lehre aufgebaut worden, und große Konzerne und staatliche Unternehmen setzen die Schellbach-Lehre in der heutigen Zeit für den Erfolg des Unternehmens und vor allem für die Zufriedenheit ihrer Mitarbeiter ein.
Die Buchauflage übersteigt heute eine Million, und die seit dem Jahre 1928 produzierten Schellbach-Erfolgs-Schallplatten und Cassetten gehen in die Hundertausende.
Eine ungeheure Zahl und ein deutlicher Beweis dafür, daß es sich hier wirklich um ein fundiertes und vor allem anwendbares System handelt.
Mit diesem Buch will ich zum einen mein Taschenbuch, das im Herder-Verlag erschienen ist, weiterführen und ergänzen, und zum anderen Ihnen, meinen Lesern, eine Anleitung für einen wirklichen und dauerhaften Lebenserfolg geben.

THEORIE UND PRAXIS

Bei meiner Arbeit in den verschiedensten Seminaren, bei Firmenschulungen und auch bei Vorträgen mit vielen tausenden Zuhörern, habe ich aber immer wieder erkannt, daß zwischen der Theorie einer erfolgreichen Lebensgestaltung und der wirklichen Umsetzung eine große Schwierigkeit besteht.
Sind die theoretischen Grundlagen nicht wirklich umfassend und einleuchtend, dann wenden die Menschen dieses Wissen einfach nicht an! Sie sind eben nicht überzeugt!

Wird aber nur praktisches Wissen vermittelt, wie man zum Beispiel ein bestimmtes Problem ausschalten kann, dann kommt meistens der zweifelnde Verstand – und es passiert auch nichts!
Aus dieser Erkenntnis heraus habe ich dieses Buch in zwei Teile gegliedert, in einen theoretischen und einen praktischen Teil.
Zwei Teile, die sich gegenseitig ergänzen und in denen die Gedanken weitergeführt und in die Praxis umgesetzt werden.
Lesen Sie zuerst den theoretichen Teil durch und setzen Sie dann in der folgenden Praxis Ihre Erkenntnisse sofort um.
Noch ein letztes Wort, bevor Sie nun weiterlesen. Die wichtigste Grundlage für jeden wirklichen Lebenserfolg ist der Glaube an sich selbst und an die Kräfte, die tief in jedem von uns ruhen. Manche Menschen nennen diese Kräfte Zufall oder Schicksal, Karma oder Vorsehung oder auch die Kraft, die uns der Schöpfer mitgegeben hat.
Welche Kräfte da wirklich am Werk sind, das wollen und können wir an dieser Stelle nicht klären. Aber diese Kräfte sind da, sie existieren! Durch den Glauben an uns selbst schaffen wir die entscheidende Voraussetzung, sie für unseren Lebenserfolg einzusetzen.

Und jetzt wünsche ich Ihnen viel Freude und vor allem viel Erfolg bei Ihrer Arbeit.

Ihr
Hans Jürgen Schellbach

Baden-Baden, im Januar 1993

I.

Die Grundlagen kennen

Welch größere Wohltat kann man einem suchenden Menschen erweisen, als daß man ihm zu seinem eigenen Ich den Weg finden hilft.

Immanuel Kant

FREUDE ENTSCHEIDET

Sie können voraussetzen, daß der Weg in eine erfolgreiche und harmonische Zukunft ein schöner Weg ist, ein Weg, der Ihnen Freude macht – und alles ‚was Freude' macht, das fällt leicht! Stellen Sie sich vor, Ihr Hobby würde Ihnen keinen Spaß machen. Wäre es dann immer noch Ihr Hobby, würden Sie noch etwas dafür tun? Sicher nicht mehr sehr lange, denn ein Hobby soll Ihnen ja Freude machen. So müssen Sie auch Ihren Weg in eine erfolgreiche und harmonische Zukunft sehen, als Ihr Hobby, das Ihnen Freude macht!
Wenn Sie die folgenden Seiten aufmerksam lesen, stellen Sie sehr bald fest, daß Ihnen viele der Wege, die ich hier aufzeige, schon bekannt erscheinen. Vielleicht denken Sie dann „was soll das, das weiß ich ja schon alles"; aber zwischen Wissen und Handeln ist für sehr viele ein lan-

ger Weg. Wissen tun wir alle sehr viel, aber handeln wir auch wirklich danach?

DER SINN DES LEBENS

Unsere heutige Zeit, belastet mit vielen Problemen, läßt immer mehr Menschen nach dem Sinn des Lebens fragen. Lohnt sich heute überhaupt noch ein Streben und wenn ja, wonach? Können wir heute überhaupt noch von einer Zukunft für uns oder unsere Kinder sprechen?

Wir alle müssen Realisten sein, das heißt, wir können die Uhr nicht so einfach zurückstellen, um damit unsere Probleme von heute auf morgen zu beseitigen. Außerdem stellt sich da sofort die Frage: Wollen wir überhaupt die Uhr zurückstellen?

Wenn wir die Probleme in der Zukunft meistern wollen, um damit von einer erfolgreichen Zukunft zu sprechen, dann müssen wir umdenken!

Umdenken in unseren Lebenszielen, umdenken in unserem Streben nach immer mehr materiellem Erfolg!

Nicht Geld, Macht oder Gewinn kann und darf das oberste Ziel des Menschen sein, sondern Lebensfreude, Glück, Harmonie und innere Zufriedenheit. Und dieser Zustand, dieses Gefühl ist nicht nur von materiellem Erfolg abhängig.

In seinem Buch „Abbau des Menschlichen" sah der berühmte Verhaltensforscher und Nobelpreisträger Konrad Lorenz keinen anderen Ausweg aus diesem Verhängnis als die Änderung der Prioritäten:

„... denn die Fortschreibung der beiden heutigen, allein als ‚realistisch' geltenden Maßstäbe, Wirtschaftlichkeit und

Macht, führt auf die Dauer unweigerlich in ökologische und soziale Katastrophen."

Die zerstörerische Entwicklung noch rechtzeitig unter Kontrolle zu bringen, kann nach seiner Ansicht nur gelingen, wenn andere Werte als Geld und Macht handlungsbestimmend werden.

Realistisch über eine erfolgreiche und harmonische Zukunft denken, heißt also erkennen, daß unsere berufliche Tätigkeit nur ein Mittel für das eigentliche Ziel unseres Lebens sein kann, nämlich für das Ziel wirklicher Lebensfreude und Harmonie im Umgang mit unseren Mitmenschen und mit der Umwelt.

Hier müssen wir uns bewußt machen, daß Erfolg im Leben nur dann ein wirklicher Erfolg ist, wenn er uns auch zufrieden, gesund, harmonisch und glücklich macht.

Sicher ist materieller Erfolg, ein bestimmter Lebensstandard, auch ein bestimmtes Maß an Luxus in der heutigen Zeit und für jeden von uns wichtig. Aber wir müssen uns davor hüten, dieses materielle Streben über alles zu stellen und dabei wichtige, andere Dinge zu vergessen.

Wir alle leben in einer Zeit, in der ständig Höchstleistungen von uns verlangt werden, in der wir ständig unter Druck und Spannung stehen, unser Familienleben viel zu oft zu kurz kommt, in der unsere Gesundheit in ständiger Gefahr ist. Viele Menschen sind erfolgreich, haben Erfolg im Beruf, bei ihrer täglichen Arbeit. Aber es ist ein Erfolg, der auf Kosten ihrer eigenen Persönlichkeit, ihres Wohlbefindens und ihres Familienlebens geht. Was nutzt der ganze materielle Erfolg, wenn der Mensch dabei immer gestreßter, immer kränker und innerlich immer unzufriedener wird?

Ein wirklicher Erfolg tritt nur dann ein, wenn unsere Persönlichkeit, unser „inneres Ich", für unser Ziel mitarbeitet.

Um das zu erreichen, müssen wir einen Weg gehen, der unserer Persönlichkeit, unserem Wesen, unseren inneren Eigenarten entgegenkommt und entspricht. Dieser Weg kann aber nur ein Weg sein, der uns selbst in den Mittelpunkt stellt, der alle Bereiche unseres „Inneren Ichs“ in das tägliche Leben und damit in unser Streben nach persönlichem Erfolg mit einbezieht.
Da haben wir übrigens schon einen entscheidenden Unterschied zwischen einem wirklich erfolgreichen Menschen und dem, der seinem Erfolg immer nur hinterher läuft. Der, der Erfolg hat, nutzt jede Möglichkeit, jede Chance, die ihm das Leben und die heutige Zeit bieten. Während der andere, der Erfolglose, ständig zweifelt, ständig nach Ausreden sucht, um damit nur seine Faulheit, sein Phlegma, seine Mutlosigkeit zu entschuldigen – und dadurch natürlich nicht handelt und somit auch nichts oder fast nichts erreicht.

KÖRPER, GEIST UND SEELE

Der Mensch ist eine Einheit von Körper, Geist und Seele. Das wissen wir alle, aber nur die wenigsten Menschen handeln wirklich nach diesem Wissen.
Denken Sie hier nur einmal an die Welle der „gesunden“, „biologischen“ oder „vollwertigen“ Ernährung.
Sicher ist es gut und richtig und auch gesund, sich möglichst „bewußt“, möglichst gesund zu ernähren. Aber neben dieser „gesunden“ Ernährung ist unsere innere Einstellung bei jeder Mahlzeit, bei jedem Bissen, den wir zu uns nehmen, mindestens genauso wichtig. Aber wer redet schon davon, daß es unbedingt notwendig, ja lebenswich-

tig ist, Streit, Disharmonie und Ärger vor dem Essen auszuschalten.
Ich habe bei unseren Seminaren immer wieder „eingefleischte Gesundheitsapostel“ getroffen, die mit verbissener Miene ihr „Müsli“ gegessen haben, wohl wissend von den möglichen Schadstoffen, die selbst in den besten Körnern sind. Und krank sind Sie geworden, krank und unzufrieden, verbissen und verkrampft. Ja, man könnte fast meinen: Sie haben sich krank gegessen!
Natürlich ist das nichts so. Aber diese Menschen haben etwas Wesentliches vergessen: ihre Ganzheit!
Ganzheit bedeutet nichts anderes, als sich immer wieder bewußt zu machen, daß der Mensch nicht nur aus dem Körper oder aus dem Verstand besteht, sondern daß Geist und Seele bei allem, was wir tun, wirklich bei allem, mitwirken.
Hermann Hesse hat das in seinem Buch „Die Einheit hinter den Gegensätzen“ treffend formuliert. Er schreibt:
„Sie gehören unbedingt und untrennbar zusammen, Geist und Seele, Verstand und Gemüt, und wer eines von ihnen auf Kosten des anderen oder gar im Kampf gegen das andere überschätzt und überzüchtet, der sucht und pflegt das Halbe statt des Ganzen, er ist krank, er ist nicht Mensch mehr, sondern Spezialist.“
Machen wir uns an dieser Stelle folgendes bewußt: In uns Menschen wirken drei unterschiedliche Kräfte. Drei Kräfte, die für unseren Erfolg verantwortlich sind: körperliche, geistige und seelische Kräfte. Nur wenn es uns gelingt, diese Kräfte zusammenzufügen, auf ein Ziel zu konzentrieren, eben ganzheitlich zu denken und zu handeln, dann sind wir wirklich erfolgreich und können dem Druck und den Belastungen von allen Seiten widerstehen. Wir können mit uns selbst und mit unseren Mitmenschen besser und erfolgreicher umgehen. Unsere Gesund-

heit verbessert und stabilisiert sich, und Erfolg ist kein Fremdwort mehr. Eines Tages können wir dann von einem wirklich erfolgreichen und harmonischen Leben sprechen.

ERFOLG – FOLGT!

Erfolg steht für die meisten Menschen im absoluten Vordergrund – und natürlich auch für uns.
Wir müssen uns aber noch einmal ganz deutlich bewußt machen, das es mir hier *nicht nur, ich betohne ausdrücklich nicht nur*, um den materiellen Erfolg im Leben geht. Gesundheit, Zufriedenheit mit sich selbst und der Umwelt, Harmonie im Umgang mit dem Partner, der Familie, mit den Mitarbeitern und Vorgesetzten – alles das sind Faktoren, die erst zu einem wirklichen Lebenserfolg führen. Daß in unserer Zeit ein ganz bestimmtes Maß an materiellem Erfolg dazugehört, das ist für uns alle selbstverständlich und – diesen Erfolg, den kann jeder von uns erlernen.
Er folgt immer ganz bestimmten Ursachen, ganz bestimmten Gesetzen. Und das in jedem Bereich unseres Lebens. Jede Wirkung, jede Auswirkung in unserem Leben hat eine ganz bestimmte Ursache. Ändern wir eine Ursache, ändern wir damit auch die Wirkung. Wir können an dieser Stelle von den „Naturgesetzen des Erfolges“ sprechen. Beachten wir diese Gesetze, dann ist Erfolg wirklich erlernbar.

DER VERTRAG

Der erste Schritt für Sie und damit für Ihren ganz persönlichen Erfolg ist eine klare Verpflichtung, die Sie sich selbst gegenüber abgeben. Ein Vertrag, den Sie mit sich selbst abschließen.

Denken Sie daran, daß viele Menschen sich immer wieder alles Mögliche vornehmen. Wenn es aber dann an die Verwirklichung gehen soll, passen sie, haben sie diverse Ausreden, warum, wieso und weshalb sie noch nicht anfangen können.

Aber ist das nur bei anderen Menschen so? Uns selbst ist es doch auch schon so ergangen. Denken Sie nur an den 31. Dezember, an Silvester und die vielen guten Vorsätze für das neue Jahr. Was haben wir davon in die Tat umgesetzt? Nichts oder fast nichts. Hätten wir aber unsere Vorsätze notiert, schön sauber auf ein Blatt Papier geschrieben, dann sähe es wahrscheinlich anders aus – und wir hätten viele unserer Vorsätze auch wirklich in die Tat umgesetzt. So haben sie sich in Luft aufgelöst, oder es sind nur unbestimmte Wünsche geblieben, Wünsche, die wir uns doch gern erfüllt hätten. Der „Vertrag mit uns selbst" wird uns dabei helfen.

Diesen Vertrag, den Sie dann mit sich selbst geschlossen haben, den halten Sie auch dann ein, wenn Sie zweifeln oder wenn Sie in ein Tief, in eine Krise kommen. Durch diesen Vertrag, durch Ihre Unterschrift, werden Sie immer wieder an Ihren Vorsatz erinnert und vor allem daran, daß das Leben weitergeht, daß ein Tief immer wieder durch ein Hoch abgelöst wird.

Das ist ein Grundgesetz unseres Lebens und unseres ganzen Universums. Alles besteht aus zwei gegensätzlichen Kräften, niemals ist nur eine Kraft wirksam. So folgt auf die Dunkelheit das Licht, auf den Mißerfolg der Erfolg, auf das Unglück das Glück. Wenn wir das beachten und uns durch einen Mißerfolg nicht beirren lassen, tritt der Erfolg ein. Nur handeln müssen wir, unseren Vertrag mit uns einhalten!

Beginnen Sie mit diesem ersten Schritt und damit mit der Praxis einer erfolgreichen und glücklichen Lebensgestaltung.

PRAXIS

Der Vertrag mit uns selbst

Der Mensch ist nichts anderes, als was er selber aus sich macht.

JEAN-PAUL SARTRE

EIN POSITIVER MENSCH

„Wissen ist Macht“ ist ein Spruch, den wir alle schon oft gehört haben und dem wir auch vertrauen können. Unser Leben kann sofort viel schöner, viel harmonischer und erfolgreicher werden, wenn wir dieses Sprichwort in die Tat umsetzen, das heißt, wenn wir wissen, wie wir es in unserem Leben anstellen müssen, um dieses Ziel zu erreichen. Wir gehen bei unserer zukünftigen Arbeit von der Erkenntnis aus, daß nicht der Einsatz von ungeheurer Kraft, auch nicht der „starke Wille“ unser Leben positiv verändern können.

Das Entscheidende für uns ist zum einen das genaue Wissen über alle Erfolgsursachen und zum anderen die Freiheit jedes einzelnen, von jedem von uns, auch nach diesen Erkenntnissen zu handeln. „Die Freiheit der Entscheidung“, die ist das Entscheidende!

Was uns Menschen von der Kreatur unterscheidet, ist unsere Freiheit im Denken, Fühlen und Handeln. Der „positive Mensch“ hat diese Freiheit in einem hohen Maße und nutzt sie für sich selbst und seine gesamte Umwelt.

Im Gegensatz dazu hat der „negative Mensch“ zwar auch diese Freiheit, aber er nutzt sie nicht. Er ist abhängig von den verschiedensten inneren und äußeren Einflüssen und dadurch in einem hohen Maße beeinflußbar.
Wir können aber diese Freiheit nur dann sinnvoll und erfolgreich nutzen, wenn wir zwischen „Positiv und Negativ“ unterscheiden können.
Ein positiver Mensch sein, das heißt allerdings nicht, das Negative und die Mißerfolge, die es zwangsläufig geben muß, zu verdrängen oder zu ignorieren.
Positiv in unserem Sinn heißt vielmehr die realistische Betrachtung des Negativen und des Positiven in der heutigen Zeit.
Es ist absolut unwahr, wenn viele „moderne Zeitgenossen“ behaupten, daß das Negative in unserer Zeit, in unserer Welt überwiegt. Machen Sie nur einmal die Augen auf und sehen Sie das Positive auf dieser Welt.
Lernen Sie, neben dem Negativen auch das Positive zu sehen, und ein weiterer, wichtiger Schritt zu einem erfolgreichen und harmonischen Leben ist damit getan.

DER VERTRAG MIT UNS SELBST

In dem ersten Kapitel habe ich Ihnen die Situation, in der wir uns alle immer wieder befinden, schon aufgezeigt. Es ist wirklich so, immer wieder nehmen wir uns alles Mögliche vor, aber dabei bleibt es meist auch. Das wollen und müssen wir jetzt abstellen.
Schließen Sie also einen Vertrag mit sich selbst ab. Einen Vertrag mit Datum und Unterschrift.
So könnte er aussehen:

DER VERTRAG MIT MIR SELBST

Dies ist ein Vertrag, den ich mit mir selbst abschließe:

Ich halte meine Vorsätze ein!

oder

Was ich mir vornehme, führe ich auch durch!

oder

Ich werde in der Zukunft systematisch arbeiten!

oder

Ich weiß, ich werde mein Leben harmonisch und erfolgreich gestalten!

Ich halte diesen Vorsatz ein!

Ich glaube an mich!

Meine Unterschrift:

Datum:

DER VERTRAG MIT MIR SELBST

Dies ist ein Vertrag, den ich mit mir selbst abschließe:

____

____

____

Ich glaube an mich!

Ich halte diesen Vorsatz ein!

Meine Unterschrift:

Datum:

Ich kann, was ich will!

Sie sehen an diesem Beispiel, daß es hier nicht darauf ankommt, sich möglichst viel vorzunehmen.
Es geht um die deutliche Verpflichtung zu sich selbst, die Sie dann mit Ihrer Unterschrift zusätzlich bestätigen.
Verwahren Sie diesen Vertrag sorgfältig so lange, bis Sie davon überzeugt sind, Ihre Wünsche und Ziele erreicht zu haben.

II.

Die Zukunft bestimmen

Was das Leben ausmacht, sind nicht die Ziele, sondern die Wege zum Ziel.

PETER BAMM

DIE VERGANGENHEIT BESTIMMT DIE ZUKUNFT

Es ist sinnlos, wenn Sie ständig darüber nachdenken, wie schön doch das Leben gestern, vorgestern oder vor einem Jahr war. Das erste, was eine erfolgreiche und harmonische Zukunft von Ihnen verlangt, ist ein gedanklicher Schlußstrich unter die Vergangenheit.
Lassen Sie das, was gestern war, gestern sein – Sie können es sowieso nicht mehr ändern. Sie müssen Ihren Blick nach vorne richten, dürfen nicht immer auf die Enttäuschungen und Fehlschläge zurückschauen, die Sie am Erfolg hindern können. Was gewesen ist, muß für immer vorbei sein. Ab heute beginnt für Sie ein neues Leben. Ab heute beginnt für Sie eine neue Zukunft, eine erfolgreiche Zukunft! Lassen Sie sich nur von dem Gedanken leiten, daß Sie Ihre Zukunft selbst bestimmen.
„Unsere Vergangenheit bestimmt unsere Zukunft“, sagt der Philosoph Karl Jaspers.

Aber nicht nur das, was gestern, vorgestern oder vor einem Jahr war, ist Ihre Vergangenheit, auch und vor allem das, was Sie jetzt tun. Im nächsten Augenblick ist es ja schon wieder vorbei, zur Vergangenheit geworden.
Was Sie jetzt beginnen, kann in einer Woche, in einem Monat oder in einem Jahr Ihr ganzes Leben bestimmen!
Jetzt, in diesem Augenblick, können Sie den Grundstein für eine erfolgreiche und harmonische Zukunft legen!

ALLES HAT EINE URSACHE – AUCH IHR ERFOLG!

Erfolg im Leben baut auf vielen Ursachen auf. Stellen Sie sich dazu den gewünschten Erfolg wie ein großes Mosaik vor. Viele kleine Einzelteile, viele Maßnahmen und Schritte, die harmonisch zusammenpassen müssen, machen das große Werk, Ihren Lebens-Erfolg aus.
Schauen Sie sich bitte einmal die Abbildung an. Hier habe ich einige der entscheidenden Erfolgs-Ursachen, die wir im Leben beachten müssen, aufgeführt.

Erfolg und seine Ursachen

ERFOLG, das heißt:

- ☐ Sich Wünsche erfüllen
- ☐ Die eigenen, selbstgestellten Ziele erreichen
- ☐ Innere und äußere Harmonie und Zufriedenheit

Wichtige Grundlagen:

- ☐ Glaube und Vertrauen in sich selbst und in das eigene Leben
- ☐ Der Sinn des Lebens
- ☐ Wünsche im Leben haben
- ☐ Ziele erkennen
- ☐ Systematische Planung
- ☐ Partner, Familie, Freunde, Umfeld
- ☐ Vertrauen in die täglichen Aufgaben
- ☐ Gesundheit, Nervenkraft ...

Voraussetzungen sind:

Unsere Leistungsfähigkeit

- ☐ Allgemeinwissen
- ☐ Fachwissen
- ☐ Techniken
- ☐ Zielsetzungen
- ☐ Planung
- ☐ Persönlichkeit
- ☐ Gesundheit
- ☐ Nervenkraft
- ☐ Kreativität

Unsere Leistungsbereitschaft:

- ☐ Gefühl
- ☐ Gedanken
- ☐ Einstellung
- ☐ Vorstellungen
- ☐ Überzeugungen
- ☐ Wille
- ☐ Antriebe, Motive
- ☐ Fantasie

- Glaube und Vertrauen in sich selbst und in das eigene Leben
- Der Sinn des Lebens
- Wünsche im Leben haben
- Ziele erkennen
- Systematische Planung
- Partner, Familie, Freunde, Umfeld
- Vertrauen in die täglichen Aufgaben
- Gesundheit, Nervenkraft

Das, was wir alle erreichen wollen, ist Erfolg – aber ein Erfolg, der alle Bereiche unseres Lebens umfaßt und sich nicht nur auf die materiellen Dinge konzentriert.
Die wichtigsten Grundlagen für diesen Erfolg sind einmal der Glaube an uns selbst und – daß wir einen wirklich lohnenden Sinn in unserem Leben erkennen. Dazu gehört dann auch eine systematische Vorgehensweise, körperliche Leistungsfähigkeit und die Unterstützung durch unseren Partner und unsere Familie. Wenn wir diese Grundlagen nicht beachten, werden wir nie das erreichen, was wir alle wirklich erreichen können.

LEISTUNGSFÄHIGKEIT UND LEISTUNGSBEREITSCHAFT

In der nächsten Stufe teilt sich dann der Weg zum Erfolg in zwei verschiedene Bereiche. Der eine, der mehr rationale Bereich, ist unsere ganz persönliche Leistungsfähigkeit.
Dieser Bereich, den wir hier nur kurz ansprechen wollen, beinhaltet all das, was wir trainieren, lernen und einüben können.

Unsere Leistungsfähigkeit – dazu gehört:

- Allgemeinwissen
- Techniken
- Planung
- Gesundheit
- Fachwissen
- Zielsetzungen
- Persönlichkeit
- Nervenkraft

Hierzu gehört all das, was wir in unserer Ausbildung erlernen, all das, was unter die Begriffe Fach- und Allgemeinwissen fällt: Die verschiedenen Techniken und Taktiken, Verhaltensregeln und Maßnahmen, bis hin zu einer systematischen und strategischen Arbeitsweise, genauso wie die Wirkung der Persönlichkeit.
Teilweise fallen auch solche Bereiche darunter wie unsere Gesundheit, die wir durch einen sinnvollen Lebenswandel und den regelmäßigen Arztbesuch erhalten können, und unsere Nervenkraft. Alles das sind Dinge, die durch unseren Verstand erfaßbar, begreifbar und systematisch planbar – und trainierbar sind.

Leistungsbereitschaft

Der zweite Bereich, ohne den kein wirklicher und vor allem dauerhafter Erfolg im Leben möglich ist, ist schon für viele Menschen schwerer zu verstehen. Dieser Bereich ist unsere „innere Leistungsbereitschaft".

Unsere Leistungsbereitschaft –
das sind unter anderem solche Bereiche wie:

- Gefühle
- Einstellung
- Überzeugungen
- Antriebe, Motive
- Nervenkraft
- Gedanken
- Vorstellungen
- Wille
- Fantasie, Kreativität

Es sind die vielen inneren Schaltungen und Kräfte, die es uns erst ermöglichen, eine Fähigkeit auch wirklich in einen Erfolg umzusetzen.
Denken Sie hier einmal an den Sport und an die vielen sogenannten „Trainingsweltmeister". Im Training, wenn es um nichts geht, bringen sie Spitzenleistungen. Aber beim Wettkampf, wo es darauf ankommt, die Trainingsleistung auch in eine Wettkampfleistung umzusetzen, da versagen sie!
Das Gefühl zieht ihnen „einen Strich durch die Rechnung", ihre „Gedankenwelt" spielt nicht mit, Vorstellungen, Einstellungen und Überzeugungen fehlen.
Angst, Hemmungen und Furcht vor dem Versagen schleichen sich ein, und je mehr sie dann mit der Kraft ihres

Willens arbeiten, um so schlimmer, ja um so verzweifelter wird oft die Situation.
Sie sehen an diesem Beispiel, wie Gefühle, Gedanken und innere Überzeugungen bei jedem Erfolg mitwirken. Aber nicht nur bei Spitzensportlern, wir alle kennen solche Situationen. Und immer wieder ist unsere innere Einstellung, unsere „Gefühls- und Gedankenwelt“ dafür verantwortlich.

GEDANKEN ENTSCHEIDEN

„Gedanken, die unser Gefühl beherrschen, lenken und leiten uns, lassen uns siegen oder untergehen.“
(OSCAR SCHELLBACH)

Dieser Satz ist für unseren Lebenserfolg von entscheidender Bedeutung. Er besagt, daß unsere Gefühle die entscheidenden Antriebskräfte unseres Lebens sind. Herrscht in uns erst einmal eine ganz bestimmte Gefühlsrichtung vor, dann müssen wir zwangsläufig im Sinne dieses Gefühls handeln. Unser Wille hat in den wenigsten Fällen eine echte Chance dagegen. Durch die Kraft unserer Gedanken, unserer Vorstellungen und Überzeugungen, aber auch durch unseren Glauben können wir das Gefühl beeinflussen.
Beachten Sie bitte in diesem Zusammenhang einmal alles, was in uns, was in den Menschen Vorstellungen und Überzeugungen hervorrufen kann. Denken Sie z. B. an die Werbung oder an die politische Beeinflussung. Immer steht am Anfang ein ganz bestimmter Gedanke, der unsere Gefühle anspricht, der ihnen eine bestimmte Richtung gibt und uns letztlich zum Handeln zwingt.

Für uns bedeutet das: Wenn wir in uns positive, aufbauende Gedanken erzeugen, Gedanken des Erfolges, der Gesundheit, des Selbstvertrauens, müssen wir zwangsläufig im Sinn dieser Gedanken handeln oder reagieren. Derselbe Effekt tritt leider aber genauso bei negativen Gedanken, bei Angst, Furcht, Mißtrauen oder Hoffnungslosigkeit ein.

ALLE URSACHEN BEACHTEN

Nur dann, wenn wir alle Erfolgsursachen beachten, uns alle notwendigen Fähigkeiten aneignen und in uns vor allem die notwendige Leistungsbereitschaft schaffen, erreichen wir auch das, was wir wollen, das, was wir eigentlich in unserem Leben erreichen könnten!
Aber leider fragen viele Menschen eben nicht nach den Ursachen, sondern verstärken statt dessen ihre Kraft, um dann letztlich wie der „Trainingsweltmeister" nur noch erfolgloser zu sein!
Henry Ford hat in diesem Zusammenhang einmal folgendes gesagt: „Warum soll ich einen stumpfen Meißel mit ungeheurer Kraft in ein Stück Metall treiben, wenn ein leichter Schlag auf einen angespitzten Meißel die gleiche Wirkung hat?"
Für uns heißt das, nicht ständig die Kraft verstärken, sondern ganz gezielt nach den Ursachen fragen.

WO STEHEN WIR? WO WOLLEN WIR HIN?

Diese beiden Fragen sind jetzt die entscheidenden Fragen – besonders die Frage nach dem „WOHIN".
Wer sich intensiv mit seinem Leben beschäftigt – und das tun Sie ja in diesem Augenblick, der weiß, daß diese Frage nicht nur „lebensentscheidend" ist, sondern der weiß vermutlich auch, daß diese Frage nicht leicht zu beantworten sein wird.
Denken Sie hier einmal an Ihre letzte Urlaubsreise zurück. Wenn Sie beginnen, Ihre Koffer zu packen, dann müssen Sie auf jeden Fall wissen, wohin Ihre Reise gehen soll. Sie müssen das Ziel Ihrer Reise kennen! Und genauso ist es mit Ihrer Lebensreise!
Erst wenn wir unser Ziel kennen, können wir uns die Hilfen suchen, die uns den Weg dorthin leichter und vor allem erfolgreicher machen.
In unserer heutigen Zeit, in der wir ja alle unter Leistungsdruck stehen, ist es oft so, daß unsere Ziele gar nicht unsere „ureigensten Ziele" sind. Sie sind nicht aus uns selbst entstanden, und sie sind oft nicht das, was wir wirklich wollen, das, was unserer Persönlichkeit entspricht. Viel zu oft sind sie uns von außen aufdiktiert worden – durch die Umwelt, die Medien, durch unsere Erziehung, durch den Partner oder durch unsere Vorgesetzten.
Wie sollen wir uns aber für so ein Ziel begeistern? Oder wie soll sich ein Mitarbeiter für ein Ziel einsetzen, hinter dem er nicht steht?
Wir müssen ganz genau wissen, wohin unsere Lebensreise gehen soll – wir müssen unsere eigenen Ziele erkennen und uns mit ihnen identifizieren, das ist jetzt der entscheidende Schritt.

GANZHEITLICHE LEBENSINHALTE FINDEN

Ihr erster Schritt heißt also: Finden Sie einen Sinn in Ihrem Leben. Finden Sie „Lebens-Ziele“, für die es sich auch wirklich lohnt, den notwendigen Einsatz zu erbringen.

An dieser Stelle ist es aber notwendig, daß Sie sich zuerst einmal von der rein rationalen Denkweise lösen. Und da liegt schon eine entscheidende Schwierigkeit für uns. Ziele sind meist rational, logisch, folgen ganz bestimmten Handlungen und Schritten, sie sind zerlegbar und planbar. Bei den meisten Menschen sind diese Ziele jedoch nicht mit einer ganzheitlichen Denkweise vereinbar, ja, sie widersprechen ihr sogar in vielen Fällen. Wir müssen den „Sinn unseres Lebens“ und unsere „eigentlichen Lebensziele“ zuerst von einer anderen Seite angehen.

Machen Sie sich an dieser Stelle einmal bewußt, daß Zielen immer etwas voransteht, daß Ziele in unserem Leben einen ganz bestimmten Ursprung haben. Einen Ursprung, der meist auf einer anderen Ebene liegt als auf der rein rationalen. Und diese Ebene, dieser Ursprung von allem, sind unsere Wünsche, unsere Träume. Wünsche und Träume, die wir tief in unserem Herzen tragen, die wir uns im tiefsten Innern einmal erfüllen möchten.

Denken Sie hier einmal an einen Heinrich Schliemann, den Entdecker von Troja. Er hatte schon als kleiner Junge den Traum, Troja zu entdecken. Und der Ursprung dieses Traumes war: „Die Odyssee“ von Homer, die Geschichte von Odysseus und der Eroberung Trojas.

Was aber war zu Schliemanns Zeit logisch an diesem Traum? Nichts! Eine Geschichte, ein Märchen, reine Fantasie! Danach zu suchen war für die damalige Zeit völlig realitätsfremd. Trotzdem begeisterte ihn dieser Traum so sehr, daß er sich zu fragen begann: „Was muß ich alles tun, um mir vielleicht einmal in meinem Leben diesen Wunsch, diesen Traum erfüllen zu können?“ Und so legte er damit den Grundstein, daß sein Traum 1871–1878 Wirklichkeit wurde. Am Anfang stand hier, bei diesem Beispiel, ein Wunsch – und genau diesen Weg müssen Sie auch gehen!

AUS WÜNSCHEN WERDEN ZIELE!

Wenn wir so vorgehen, dann werden uns unsere Ziele klar, denn sie ergeben sich regelrecht automatisch. Ziele, die analysiert und geplant werden können:
Lebensziele, Jahresziele und Monatsziele, kleine Schritte auf dem Weg zur Erfüllung unserer Wünsche und Träume.
Denken Sie an Edison oder an andere große Erfinder. Überall stand ein Wunsch, ein Traum, eine Idee vor dem inneren Auge dieser großen Menschen.
Denken Sie an die Zeit zurück, als Sie verliebt waren – und es vielleicht noch sind. Was haben Sie da alles getan, um sich diesen einen Wunsch zu erfüllen. Genau diese Begeisterung müssen Sie auch für das Erreichen Ihrer Lebenswünsche entwickeln!

ALLES NUR ZUFALL?

Ganzheitlich bedeutet aber noch mehr, als nur zu versuchen, sein Schicksal bewußt in die eigene Hand zu nehmen.

In jedem von uns ruhen schicksalsgestaltende Kräfte und Fähigkeiten, von denen wir alle kaum eine Ahnung haben. Viele Dinge in unserem Leben können wir scheinbar nicht selbst bestimmen, sie laufen „einfach" so ab.
Diese Situationen nennen viele Menschen dann Schicksal oder Fügung, Vorsehung oder auch Karma, und manche nennen es einfach Zufall.
Wie bei der Lebensgeschichte von Heinrich Schliemann und vielen anderen Menschen – und auch oft schon bei uns – scheint es aber so, als ob wir diesen „Zufall" weit mehr beeinflussen können, als wir es uns im allgemeinen vorstellen. Durch den Einsatz unserer Wünsche, Träume und Visionen bekommen wir erheblich mehr von diesen in uns ruhenden Kräften in die Hände. Kräfte, die uns in vielen Fällen helfen können, den sogenannten Zufall auszuschalten und unser Schicksal wirklich erfolgreich zu beeinflussen.

WÜNSCHE WERDEN WIRKLICHKEIT

Wünsche sind der eigentliche Antrieb in Ihrem Leben. Wünsche erschaffen Ihre Ziele. Arbeiten Sie mit Ihrer Fantasie, und fragen Sie nicht immer gleich: „Kann ich das auch wirklich erreichen?" Stellen Sie sich eine Wunschliste auf und lassen Sie sich bei dieser Arbeit nicht durch Ihren Verstand einengen. Unterschätzen Sie Ihre Fähigkeiten nicht. Sie können viel mehr, als Sie sich bis heute zugetraut haben. Aber sie müssen an Ihre Fähigkeiten und Kräfte glauben! Daran fehlt es bei den meisten Menschen. Sie möchten vieles ändern, aber Sie glauben nicht an sich, nicht an ihre Kraft. Dabei ist doch der Glaube schon der halbe Weg zum Ziel. „Steh auf,

Dein Glaube hat Dir geholfen", sagt Christus in der Heiligen Schrift.

Aber wenn Sie schon nicht an Ihre Kräfte und Fähigkeiten glauben – wünschen werden Sie es sicher!

„Unsere Wünsche sind die Vorboten der Fähigkeiten, die in uns liegen. Vorboten desjenigen, was wir zu leisten im Stande sind."

Das sagt Johann Wolfgang von Goethe zu der Bedeutung unserer Wünsche. „Die Vorboten der Fähigkeiten, die in uns liegen!"

Ihr innerer Mensch, nicht der Körper aus Fleisch und Blut, sondern Ihr geistiges „Ich" verfügt über ungeheure Kraft, das meisterhafte Leistungen vollbringen kann, wenn Sie ihm die Möglichkeit zur Entfaltung geben.

Wie aber auch ein Meister in seinem Fach, z. B. Arthur Rubinstein, seine Kunst auf einem verstimmten Klavier nicht entfalten konnte, so kann auch Ihr inneres „Ich" nicht durch einen Körper wirken, der voller Disharmonien und Hemmungen ist. Diese Disharmonien sind gesundheitliche Störungen unseres Organ- und Nervensystems, während die Hemmungen „seelische Hemmungen" sind, die nur durch ein bewußt positives Denken zu beeinflussen sind.

Erst wenn Sie alle Störungen des „geistigen Ichs" beseitigt haben, können Sie sich entfalten, dann werden Ihre Wünsche Wirklichkeit. Deshalb muß ein gesunder Körper, müssen gesunde Nerven geschaffen werden, deshalb müssen Sie sich bewußt, ganz bewußt zur Gesundheit einstellen.

Aber nicht nur zur Gesundheit, zu allen Dingen des Lebens brauchen Sie eine bewußte Einstellung. Die meisten Menschen wissen nicht, was sie wollen, wissen nicht, weshalb und warum sie eigentlich leben. So ist es kein Wunder, wenn sie vom Schicksal hin und her geworfen werden, nirgends einen richtigen Halt und keine volle Befriedigung finden. Diese Menschen sind unzufrieden mit ihrem Leben; sie sind Alltagsmenschen; sie träumen, aber handeln nicht; sie sind selbst für ihr Leben verantwortlich, aber geben anderen die Schuld. Sie aber sollen mit wachen Augen durchs Leben gehen und daher alles mit Überlegung bewußt anfassen.

Machen Sie sich von Ihrer bisherigen Lebenseinstellung frei! Glauben Sie nicht mehr an ein so grausames Schicksal, das Ihnen keine Chance gibt. Wer das glaubt, der steht sich selbst im Weg!
Gewiß werden Sie durch viele Einflüsse an Ihrer Entfaltung gehindert, aber die Ursachen dieser Einflüsse liegen letzten Endes in Ihnen selbst. Eine erfolgreiche und harmonische Zukunft ist nicht vom zufälligen Glück abhängig, sondern vor allem das Ergebnis Ihrer bewußt positiven Einstellung zum Leben und zu Ihren Lebenszielen. So wie Sie durch eine falsche Lebensweise in sich den Ansatz jeder Krankheit schaffen können, so legen Sie durch Ihr positives Denken den Grundstein für eine glückliche und erfolgreiche und harmonische Zukunft.

DIE DREI ZIELE IM LEBEN

Erinnern Sie sich noch einmal an das erste Kapitel, als es um die Zeit ging, in der wir leben. Ich hatte Ihnen da folgende Situation beschrieben:
„Wir alle leben in einer Zeit, in der ständig Höchstleistungen von uns verlangt werden, in der wir ständig unter Druck und Spannung stehen, unser Familienleben viel zu oft zu kurz kommt, in der unsere Gesundheit in ständiger

Gefahr ist. Viele Menschen sind erfolgreich, haben Erfolge im Beruf, bei ihrer täglichen Arbeit. Aber es ist ein Erfolg, der auf Kosten ihrer eigenen Persönlichkeit, ihres Wohlbefindens und ihres Familienlebens geht. Was nutzt der ganze materielle Erfolg, wenn der Mensch dabei immer gestreßter, immer kränker und innerlich immer unzufriedener wird?"

Wir dürfen nicht den Fehler machen und uns nur auf ein Ziel, meist ist es dann ja ein berufliches, zu konzentrieren. Wir brauchen Ziele, die unserer Ganzheit, die Körper, Geist und Seele entsprechen. Das heißt, wir brauchen drei verschiedene Zielrichtungen.

Unsere Dreiteilung sollte so lauten:

1. Ganz persönliche Ziele
2. Ziele im Bereich unserer Lebensfreude
3. Berufliche Ziele

UNSERE GANZ PERSÖNLICHEN ZIELE

Hier fällt alles hinein, was Sie ganz persönlich in Ihrem Leben erreichen möchten, bei dem es nur auf Sie selbst ankommt und wovon Sie auch keiner abhalten kann.

Das ist zum Beispiel: Ein Höchstmaß an körperlicher und geistiger Leistungsfähigkeit, Gesundheit, innerer Harmonie und Zufriedenheit, Harmonie im Umgang mit sich selbst und mit der Umwelt, ein möglichst harmonisches Familienleben, ein bestimmtes Maß an materieller Sicherheit, beruflicher Aufstieg, die Realisierung unserer persönlichen Interessen und Neigungen, die Wohnung in den Bergen oder an der See ...

Sagen Sie jetzt nicht gleich wieder: „Das ist doch unreali-

stisch, Träumer, Spinner ...! Ich kann doch nicht immer gesund bleiben, irgendwann ist einmal Schluß."
Sicher ist das so! Trotzdem kann sich jeder von uns bemühen, ein möglichst zufriedenes und harmonisches Leben zu führen; jeder von uns kann sich bemühen, auch im Alter noch fit zu sein und das trotz möglicher kleiner Gebrechen. So, wie wir zu jeder Zeit mit unserer Umwelt in Harmonie leben können.
Wenn sich jeder von uns, jeder Mensch auf dieser Welt bemühte, mit sich selbst und seiner Umwelt in Harmonie zu leben – für unsere Welt und für alle, die auf ihr leben – würde das goldene Zeitalter anbrechen.
Ist das nicht ein schöner Lebensinhalt, ein wirklicher lohnender Sinn unseres Leben? Und das in einer Zeit, in der doch so viele nach dem Sinn des Lebens fragen?

LEBENSFREUDE

Der zweite Bereich unserer Gliederung ist die „Lebensfreude".
In diesen Bereich fällt all das, was Ihnen Freude macht, was Ihnen zusätzlich Kraft und Energie gibt. Aber auch das, was Sie gemeinsam mit Ihrem Partner, mit Ihrer Familie, mit Ihren Freunden erleben wollen. In diesen Bereich fallen all Ihre Hobbys, Neigungen und Interessen. Besprechen Sie diese wichtigen Gedanken mit Ihrem Partner und mit Ihrer Familie!

Hier einige Denkanstöße:
Zeit für die Familie und die Freunde, gemeinsame Feierabende, Wochenenden, Ferien, sportliche Aktivitäten, Reisen, Musik ...

Aber auch Gedanken, die eigentlich zu Ihren „ganz persönlichen Wünschen" gehören: Ihre Wohnung in den Bergen oder an der See ...
Und was tun Sie, wenn Sie älter sind, wenn der Beruf nicht mehr im Vordergrund steht? Vergessen Sie auch hier die Lebensfreude nicht!

BERUFS- UND LEISTUNGSZIELE

Der dritte Bereich ist der Beruf, ist das Leistungsziel. Es sind die Wünsche und Ziele, die die Basis für alle anderen Wünsche und Ziele sind. Schreiben Sie auch hier zuerst einmal Ihre Wünsche auf. Zum Beispiel:
Aufstieg in eine bestimmte Gehalts- oder Besoldungsgruppe, ein bestimmter Arbeitsplatz, vielleicht eine spätere Selbständigkeit in einem bestimmten Bereich, materielle Sicherheit, Altersversorgung, die finanzielle Grundlage, um sich die Wünsche im Bereich „Lebensfreude" und „persönliche Ziele" verwirklichen zu können.

GEMEINSAM PLANEN

Der Mensch lebt nicht allein, er ist kein Einzelwesen – das müssen Sie sich immer wieder bewußt machen. Viele Partnerschaften gehen heute nur aus dem Grunde kaputt, weil jeder einzelne nach „Selbstverwirklichung" strebt und dabei keine Rücksicht auf den Partner, die Familie nimmt.
Planen und erarbeiten Sie in dem Bereich Lebensfreude

und Beruf gemeinsam mit Ihrem Partner, ja gemeinsam mit Ihrer ganzen Familie.
Was nützt es, wenn Sie ganz bestimmte Wünsche und Ziele haben, aber Ihr Partner, Ihr Mann oder Ihre Frau, eigentlich etwas ganz anderes vom Leben erwartet.

DIE KLEINEN SCHRITTE, UM EIN GROSSES ZIEL ZU ERREICHEN

Viele von Ihnen werden jetzt vielleicht zweifelnd sagen: Lebenswünsche, Lebensziele, Beruf, Lebensfreude... Wie soll ich das nur schaffen?

Stellen Sie sich hier einmal vor, Sie wollen mit Ihrer Familie oder mit Freunden eine Radtour machen. Eine Tour von der Nordsee an den Bodensee. Mit dem Fahrrad schon eine gewaltige Strecke.
Wenn Sie jetzt immer nur an die rund 1000 Kilometer denken – dann schaffen Sie das nie, ja wahrscheinlich fahren Sie gar nicht los.
Aber Sie würden diese Tour ja systematisch planen und die Strecke in kleine überschaubare Etappen einteilen.

Und genauso geht es, wenn es um das Erreichen Ihrer Lebenswünsche und Lebensziele geht. Den Weg zu Ihrem Ziel teilen Sie sich in kleine Teilstrecken ein. Auf die nächste Teilstrecke konzentrieren Sie Ihre ganze Kraft und erfüllen alles, um das Teilziel zu erreichen.
Haben Sie das geschafft, geht es mit neuer Kraft an die nächste Teilstrecke, und so weiter, bis Sie das erreicht haben, was Sie wollten.

Stellen Sie sich vor, Sie würden ein Haus bauen. Erst muß der Grundstein, das Fundament gelegt werden, dann kommt Stein auf Stein, bis eines Tages das Dach aufgesetzt wird. Nie geht es anders herum! Tag für Tag einen Schritt aufwärts, und Sie werden Ihre Ziele erreichen.

So geht es mit Ihrer Gesundheit und Spannkraft, mit Ihrem Erfolg im Beruf und im Umgang mit Ihren Mitmenschen, mit Ihrer Lebensfreude und Harmonie, kurz gesagt, mit allem, was Sie im Leben erreichen wollen.
Mensch sein heißt Denker sein! Also fangen wir an, so zu denken, und entscheiden wir uns für positive, aufbauende Ziele, für Ziele, die unserem Leben einen wirklichen Sinn geben.

PRAXIS

Die Zukunft planen

Eine Sache entwickelt sich von selbst, wenn man dauernd an sie denkt.

HENRY FORD

MIT ERFOLG BEGINNEN

Bevor Sie jetzt beginnen, Ihr Leben und Ihre Zukunft, Ihren beruflichen und privaten Erfolg auf ein neues Fundament zu stellen, machen Sie sich noch einmal bewußt, daß dies keine Arbeit für die nächsten „fünf Minuten" ist. Sie werden eine ganze Menge Zeit und Einsatz brauchen. Aber es lohnt sich, denn es geht um das Wichtigste, was Sie besitzen, um Sie selbst.

Stellen Sie sich für die kommenden Wochen die Aufgabe, systematisch Klarheit über Ihre Lebenswünsche zu bekommen.

Machen Sie sich jetzt – als ersten Schritt – erst einmal das bewußt, was Sie bisher in Ihrem Leben schon erreicht haben.

Denken Sie an die verschiedenen Erfolge in Ihrem Beruf, in Ihrem privaten Leben, bei Ihren Hobbys und bei Ihren Interessen.

Erinnern Sie sich an die vielen Fähigkeiten, die Sie besitzen und die Ihnen in der Vergangenheit geholfen haben.

Prüfen Sie dabei auch Ihre Ziele, die Sie schon erreicht

haben. Woher kamen diese Ziele, wo lag ihr Ursprung? Klären Sie vor allem aber auch, ob es wirklich Ihre eigenen Ziele waren.

Beispiel:

Was habe ich schon erreicht?

In meinem Beruf:

- ☐ Eine gute Position
- ☐ Gute/ausreichende Ausbildung
- ☐ Anerkennung durch meine Vorgesetzten
- ☐ Gutes Verhältnis zu meinen Kollegen
- ☐ Sicheres Auftreten, Selbstvertrauen
- ☐ Sprachkenntnisse

Im privaten Bereich:

- ☐ Schon manche meiner persönlichen Ziele erreicht (Auto, Wohnung, Reisen ...)
- ☐ Familie, Kinder
- ☐ Gute Partnerschaft
- ☐ Unterstützung durch den Partner
- ☐ Guten Freundeskreis

Bei meinen Hobbys und Interessen:

- ☐ Freude bei meinem Hobby (z. B. im Sportverein)
- ☐ Schon recht gute Leistungen gebracht
- ☐ Anerkennung durch meine Vereinsmitglieder

Nach diesem Schritt kommt Ihre vielleicht schwerste Aufgabe: „Machen Sie sich Ihre Wünsche bewußt."
Die Schwierigkeit dieser Aufgabe besteht darin, daß wir dabei immer wieder durch unseren Verstand regelrecht blockiert werden. Sobald wir uns mit unseren Wünschen beschäftigen, kommen in uns immer wieder Gedanken hoch wie:
„Das kannst Du doch nicht; das schaffst Du doch nicht; dazu bist Du nicht talentiert genug, hast nicht genügend Mut, Kraft oder Willen ...".
Alle diese Gedanken hindern uns, über unsere Wünsche noch weiter nachzudenken, ja sie blockieren uns so sehr, daß wir niemals das erreichen werden, was wir eigentlich erreichen könnten.
In der modernsten Physik wird diese Situation, in der sich viele Menschen immer wieder befinden, mit folgenden Worten beschrieben:

„Wer ganz und gar im Bann rationaler Begrenzung lebt, wird diese nie überwinden können, nichts vollbringen, was dem Verstand als unmöglich erscheint."
„So wird das Denken der breiten Masse, das Bild, das sie sich von sich selbst macht, weitgehend von den Denkstrukturen der klassischen Physik des vergangenen Jahrhunderts bestimmt. Die allermodernste Physik ergibt ein völlig neues Menschenbild mit ungeahnten Fähigkeiten in jedem einzelnen von uns."
(Prof. Dr. Alfred Stelter)

Lösen Sie sich also von dieser rationalen Begrenzung und schreiben Sie in der nächsten Zeit alle Gedanken auf, die Ihnen zu Ihren Wünschen und Träumen bewußt werden.

Also beginnen Sie einfach, und sprechen Sie auch mit Ihrem Partner, mit Ihrer Familie über Ihre Arbeit. Oft weiß der Partner mehr über Ihre ureigensten Wünsche, als Ihnen selbst im Augenblick bewußt ist. Und es sollen ja auch die Wünsche Ihres Partners mit in Ihre Arbeit einfließen.
Vielleicht werden Sie an dieser Stelle sagen: „Und damit soll ich mich in den nächsten Wochen beschäftigen? Das ist doch ganz einfach!"
Irrtum! Wenn Sie ehrlich zu sich sind – und das setze ich an dieser Stelle voraus –, dann werden Sie eine ganz gehörige Portion Zeit brauchen, um Ihre wirklichen, ureigensten Lebenswünsche zu erkennen und zu Papier zu bringen.
Sicher entdecken Sie bereits bei dieser wichtigen Arbeit, welche kleinen Wünsche Sie sich mit wenig Aufwand und Einsatz schon sehr schnell erfüllen können.
Um Ihnen diese Arbeit etwas zu erleichtern, habe ich jeweils ein „Wunschblatt" ausgefüllt.

Beispiel:

Wünsche, die ich mir einmal erfüllen werde!

(Was können Sie in Ihrer Wunschliste aufführen)

- ☐ Gute Gesundheit und körperliche Leistungskraft.
- ☐ Den richtigen Partner finden, Familie gründen
- ☐ Harmonisches Familienleben

- ☐ Materielle Sicherheit
- ☐ Gute Altersversorgung
- ☐ Besseren Beruf
- ☐ Noch mehr und bessere Aufstiegschancen
- ☐ Beruflicher Aufstieg zum …
- ☐ Freunde und Freundschaften, Reisen, Motorrad, Auto
- ☐ Schöne Wohnung, Eigentumswohnung, Häuschen in …
- ☐ Meine Hobbys weiter durchführen können
- ☐ In meinem Hobby eine bestimmte Leistung bringen (einen bestimmten Wettkampf gewinnen …)
- ☐ Im Alter (Ruhestand) malen, schreiben, musizieren, reisen …

Und:

- ☐ Mehr Sicherheit und Selbstvertrauen
- ☐ Ängste abbauen
- ☐ Meine Ziele besser erkennen und vor allem auch erreichen
- ☐ Meine Vorsätze besser einhalten
- ☐ Hemmungen abbauen, frei auftreten
- ☐ Besser und freier reden können
- ☐ Meine Hemmungen meinen Vorgesetzten oder meinem … gegenüber abbauen
- ☐ Meine Hemmungen bestimmten Menschen (Mann/Frau) gegenüber abbauen.
- ☐ Noch besser mit anderen Menschen umgehen
- ☐ Eine bestimmte Sprache erlernen …

Der nächste Schritt

Sie haben sich jetzt Ihre ersten Wünsche bewußt gemacht! Der nächste Schritt, den Sie nun gehen müssen, ist eine Gliederung Ihrer Lebenswünsche in drei verschiedene Bereiche, in „Persönliche Ziele", „Lebensfreude" und „Beruf".
Beschäftigen Sie sich auch hier bitte wieder zuerst mit den Beispielen, damit Sie die Bedeutung dieser drei Zielrichtungen ganz klar erkennen.

1. Meine ganz persönlichen Ziele
Harmonie, innere Zufriedenheit, Zufriedenheit mit sich selbst und mit der Umwelt. Persönliche Entfaltung, positive Lebenseinstellung, Glück und Erfolg im Leben.
Harmonie im Umgang mit dem Partner, mit der Familie, mit den Mitarbeitern, mit den Mitmenschen und der ganzen Umwelt.

2. Ziele im Bereich der Lebensfreude
Entspannung, Hobbys, Ausgleich zum Leistungsziel.
Gemeinsamkeiten mit dem Partner, Freizeit, Feierabend, Wochenende, Ferien.
Aufgaben und Ziele im Alter.
Ein kleiner Höhepunkt an jedem Tag.
Gesundheit, Nervenkraft, Interessen, Neigungen. Freizeit und Hobbys gemeinsam mit dem Partner, der Familie und den Freunden.

3. Meine beruflichen Ziele
Fundament für alle anderen Ziele: Beruf – Lebensfreude – persönliche Ziele.
(Sinnvolle Verbindung der drei Ziele)
Realistische Grundlage und Fundament in unserer Zeit und in der Welt, in der wir leben.
Grundlage, die uns hilft, uns unsere Wünsche und Ziele zu erfüllen.
Beruflicher und persönlicher Aufstieg als Hilfsmittel zur Selbstverwirklichung. Gemeinsame Planung mit unserem Partner und unserer Familie.

Beispiele:

1. Meine ganz persönlichen Ziele

- ☐ Zufriedeheit mit mir selbst und meinen Leistungen
- ☐ Glück und Erfolg
- ☐ Gesundheit und körperliche Spannkraft bis ins Alter.
- ☐ Nervenkraft
- ☐ Harmonisches Familienleben
- ☐ Materielle Sicherheit
- ☐ Altersversorgung
- ☐ Beruflicher Aufstieg zum …

☐ Freunde und Freundschaften, Reisen, Motorrad, Auto
☐ Schöne Wohnung, Eigentumswohnung, Häuschen in …
☐ Meine Hobbys weiter entfalten können
☐ Mehr Zeit für mich und meine Familie
☐ Eine bestimmte Sprache erlernen …

Beispiele:

2. Ziele im Bereich der Lebensfreude

☐ Gute Gesundheit und körperliche Leistungskraft
☐ Harmonisches Familienleben
☐ Den richtigen Partner finden, Familie gründen
☐ Mehr Zeit für mich und meine Interessen
☐ Materielle Sicherheit
☐ Freunde und Freundschaften
☐ Reisen, Motorrad, Auto
☐ Schöne Wohnung, Eigentumswohnung, Häuschen in..
☐ Meine Hobbys weiter durchführen können

- ☐ In meinem Hobby eine bestimmte Leistung bringen (einen bestimmten Wettkampf gewinnen …)
- ☐ Im Alter (Ruhestand) malen, schreiben, musizieren, reisen …
- ☐ Meine Hemmungen bestimmten Menschen (Mann/Frau) gegenüber abbauen.
- ☐ Noch besser mit anderen Menschen umgehen.
- ☐ Eine bestimmte Sprache erlernen …

Beispiele:

3. Meine beruflichen Ziele

- ☐ Besseren Beruf (z. B. Abteilungsleiter)
- ☐ Noch mehr und bessere Aufstiegschancen
- ☐ Beruflicher Aufstieg zum …
- ☐ Bessere fachliche Kenntnisse
- ☐ Kenntnisse in bestimmten Bereichen (z. B. Computer, Sprachen, Planungstechnik …)
- ☐ Planvolle Arbeitsweise
- ☐ Vorsätze einhalten
- ☐ Materielle Sicherheit, um meine anderen Ziele zu erreichen (Familie, Alter, Hobby …)
- ☐ Gesundheit, Nervenkraft
- ☐ Mehr Sicherheit und Selbstvertrauen

- ☐ Ängste abbauen
- ☐ Hemmungen abbauen, frei auftreten
- ☐ Besser und freier reden können
- ☐ Meine Hemmungen meinen Vorgesetzten oder meinem ... gegenüber abbauen.
- ☐ Meine Hemmungen bestimmten Menschen (Mann/Frau) gegenüber abbauen.
- ☐ Noch besser mit anderen Menschen umgehen.

MIT DEM LEICHTESTEN ANFANGEN

Sicher erkennen Sie jetzt, warum ich von der Zeit sprach, die Sie sich für die Arbeit mit Ihren Wünschen nehmen müssen. Es geht wirklich nicht im Handumdrehen, wir brauchen Zeit – Zeit zum Nachdenken, zum Fragen, zur Klärung dessen, was uns im Leben wirklich wichtig ist.

Wir alle brauchen täglich kleine „Streicheleinheiten", ein Lob, eine Anerkennung. Bei der Arbeit an der eigenen Persönlichkeit fehlen diese Streicheleinheiten aber sehr oft. Gerade wenn wir uns am Anfang zu schwierige Aufgaben vornehmen, dauert es oft zu lange, bis der erste Erfolg eintritt – und dabei verlieren wir den Mut und den Glauben an uns selbst.

Beginnen Sie mit Maßnahmen und Schritten, die Ihnen vermutlich leicht fallen werden, die Sie sehr schnell in die Tat umsetzen können. Einfache Maßnahmen lassen uns schneller den Erfolg erleben und geben uns den nötigen Mut, das nötige Selbstvertrauen, unseren Weg weiterzuverfolgen.

In dem folgenden Übungsblatt habe ich Ihnen diesen Schritt wieder an einem Beispiel aufgezeigt.
Tragen Sie in der Spalte „Wann-Wie-Wo" die entsprechenden Maßnahmen ein und bestimmen Sie auch den Zeitpunkt, an dem Sie damit beginnen werden.

Beispiel:

Die nächsten Schritte

Was	**Wann – Wie – Wo**
Meine Ziele besser erkennen	Sofort, indem ich mir meine Wünsche bewußt mache
Systematische Lebens- und Zielplanung	Indem ich mit systematischer Planarbeit beginne
Aufstiegschancen erkennen	Wunscharbeit und klare Ziele. Analyse meiner Fähigkeiten. Was kann ich schon und welche Fähigkeiten muß ich mir aneignen.

Gute Gesundheit	Sofort, indem ich die Ursachen der Gesundheit beachte und danach handle. (Kapitel III)
Nervenkraft	Tägliches kurzes Entspannungsprogramm. Übungen in den Tagesablauf einplanen! (Kapitel III)
Mehr Zeit haben	Analyse der Faktoren, die mir Zeit „stehlen" und systematische Planung. Sofort mit der Analyse beginnen. Nervenkraft aufbauen. Meine Konzentrationsfähigkeit steigern (Kapitel VI)
Harmonie in der Familie	Mehr Zeit nehmen. Vorsätze einhalten. Auf meine Art und meine Sprache achten (Positiv!). (Kapitel IV)

Mit meinen Mitmenschen, (Partner, Vorgesetzte, Kollegen, andere Menschen ...) besser umgehen	Den anderen zuerst positiv behandeln. Fehler bei mir selbst suchen. (Kapitel X)
Mehr Sicherheit und Selbstvertrauen	Analyse der Ursachen und Ursachen beseitigen. Täglich positive Selbstmotivation (Kapitel VIII) Mit Gedanken arbeiten (Kapitel IX)

JEDEN TAG EINEN KLEINEN SCHRITT WEITER!

„Nicht die Größe eines Schrittes ist entscheidend, sondern seine Richtung."

Bitte machen Sie sich bewußt, daß wir mit unserer Arbeit keinen minutiösen Tagesplan aufstellen wollen, einen Plan, der uns zwingt, mit einer Stoppuhr den Tag einzuteilen und der unserer Persönlichkeit keinen Freiraum läßt. Bei einer zu engen Tagesplanung verlieren wir außerdem leicht den Überblick und laufen dann mit einem schlechten Gewissen herum – und die Folge: wir geben unsere Planung auf!

Wenn wir aber von einem Wunsch, einer Idee, einem Ziel begeistert sind, dann ist es eigentlich selbstverständlich, daß wir täglich etwas für dieses Ziel, für die Erfüllung unserer Wünsche tun.

Planen Sie in Ihren Tagesablauf folgende Punkte ein:

- ☐ Positiv jeden Tag beginnen.
- ☐ Einen Tagesvorsatz fassen.
- ☐ Vornehmen, die eigenen Vorsätze einzuhalten.
- ☐ Etwas für die Gesundheit und die Nervenkraft tun.
- ☐ Dem Partner, der Familie eine kleine Freude bereiten.
- ☐ Sich selbst etwas Schönes gönnen.
- ☐ Tagesbilanz ziehen.
- ☐ Positiv den Tag beenden.

Fragen, die Sie sich in Ihrer Tagesbilanz stellen sollten:

- Ziele und Vorsätze erreicht?
- Welche Erfolge habe ich erzielt?
- Was kann ich morgen besser machen?
- Was muß ich neu analysieren?
- Was muß ich auf später verschieben?
- Was war an diesem Tag unnötig?
- Welche Spannungen muß ich abbauen?
- Was habe ich heute erkannt und gelernt?

DIE WICHTIGSTE ENTSCHEIDUNG!

Sie haben jetzt eine wichtige Entscheidung getroffen! Vielleicht ist Ihnen das im Augenblick noch nicht so richtig bewußt geworden, aber wenn Sie Ihre Planarbeit bis zu diesem Zeitpunkt durchgeführt haben, dann ist die Realisierung Ihrer Wünsche schon in eine entscheidende Phase getreten. Einfach deshalb, weil Sie sich, vielleicht zum ersten Mal in Ihrem Leben, richtig intensiv und systematisch mit sich selbst beschäftigt haben. Jetzt kommt es eigentlich nur noch darauf an, zielgerichtet die einzelnen Schritte zu gehen und alle Hilfen und Maßnahmen, mit denen wir uns noch beschäftigen werden, systematisch in die Praxis umzusetzen.

Die Arbeit mit unseren Wünschen fällt uns rational denkenden Menschen am Anfang recht schwer. Geben Sie sich selbst eine Chance und lassen Sie sich vor allem genügend Zeit.

Wenn wir uns jahrzehntelang in eine Richtung bewegt haben, dann können wir nicht von einem Augenblick zum anderen unser Lebens herumreißen. Alles unterliegt dem organischen Wachstum, alles auf dieser Welt, auch unser Leben und unser Lebenserfolg.

III.

Leistungs-fähig sein

Strebe nach Ruhe, aber durch das Gleichgewicht, nicht durch den Stillstand deiner Tätigkeit.

FRIEDRICH SCHILLER

WICHTIGE KRÄFTE

Gesundheit, sich wohlfühlen, körperlich leistungsfähig, fit sein, eine gute Konzentrationsfähigkeit, ein leistungsfähiges Gedächtnis haben, trotz Streß und Belastung zu einer Höchstleistung fähig sein und manchmal auch Nerven wie Drahtseile haben, das sind wichtige Voraussetzungen für unseren Erfolg im Leben.

Wir alle, Sie und ich, wir müssen jeden Tag große Leistungen vollbringen. Jeden Tag werden wir mit neuen Situationen und Ereignissen konfrontiert. Es ist die Disharmonie und der Streit mit den Mitmenschen, die tägliche Sorge am Arbeitsplatz und im Beruf, die Belastungen durch eine ungewisse Zukunft und die Unzufriedenheit vieler Menschen mit sich selbst, die täglich an unseren Kräften zehren.

Eine ganz entscheidende Hilfe, um mit diesen Situationen, Problemen und Belastungen zurecht zu kommen, ja,

sie zu meistern, das ist unsere Nervenkraft und unsere Fähigkeit, abschalten zu können. Aber genau diese Kraft, diese Fähigkeit fehlt vielen Menschen.
Die Folgen sind dann: innere Unruhe und Anspannung, Nervosität und ständige Reizbarkeit, Konzentrations- und Gedächtnisschwäche, Kopfschmerzen, Schlafstörungen und Depressionen, aber auch die vielen Arten von psychosomatischen Krankheiten, bis hin zum Krebs. Viele Auswirkungen, die wir allzu oft und unüberlegt mit dem Begriff „Streß" bezeichnen.
Keiner von uns kann diesen Belastungen ganz entgehen, aber wir können etwas tun, um diesem täglichen Streß nicht mehr so ausgeliefert zu sein, nicht mehr so „streßanfällig" zu sein.
Es kommt darauf an, daß wir die Ursachen dieser Belastungen, dieses Stresses, erkennen und vor allem, daß wir etwas für unsere Gesundheit, unsere körperliche Leistungsfähigkeit und unsere Nervenkraft tun.

GESUNDHEIT UND GANZHEIT

Auch hier liegt eine umfassende Lösung wieder in der Ganzheit des Menschen, in der Ganzheit von uns.
Wie weit diese Bereiche unsere Gesundheit entscheidend beeinflussen können, das möchte ich Ihnen an dieser Stelle mit dem Ausschnitt eines Berichts über unser Immunsystem, über unsere körpereigenen Abwehrkräfte verdeutlichen. Versagt dieses Abwehrsystem, sind wir schutzlos den vielen Krankheitserregern ausgeliefert, vom einfachen Schnupfen über Grippe bis hin zu Krebs und Aids.

Hier der für uns wichtige Abschnitt:
Die eigenen Abwehrkräfte stärken, kann man das überhaupt? Ja.
Der einfachste Weg zu diesem Ziel heißt innere Harmonie und Zufriedenheit, eine gesunde Lebensweise, körperliche Betätigung, abwechslungsreiche Ernährung und ausreichender und erholsamer Schlaf.
Das Immunsystem ist aber kein eigenständiger biochemischer Apparat, den man nur richtig füttern muß. Es ist ein Teil eines umfassenden Netzes, zu dem auch die menschliche Psyche gehört. Das Immunsystem besitzt Nervenverbindungen zum Gehirn und damit zu dem seelischen Alltagsprogramm namens Freude, Ärger, Entspannung und Streß. Die bei seelischer Anspannung freigesetzten Streßhormone hemmen die Tätigkeit des Immunsystems.
Amerikanische Studien haben gezeigt, daß dementsprechend belastende Situationen wie Zahnarztbesuche, Prüfungsstreß, Streit, Angst und große Erregung, Trauer oder Depressionen zu einem erhöhten Infektionsrisiko führen.
Schwedische Forscher haben jetzt sogar herausgefunden, daß die psychischen Folgen von Arbeitslosigkeit das Immunsystem schwächen können.
Auch das aufputschende Hormon Noradrenalin hat eine lähmende Wirkung auf das Immunsystem. Umgekehrt bringt der Ruhezustand das Immunsystem in Schwung. Entspannung ist also ein weiterer Weg zu einem starken Immunsystem.

Sie sehen an diesen Beispielen, wie wichtig hier wieder die Ganzheit, also Körper, Geist und Seele für unser tägliches Leben sind, und daß uns oft als nebensächlich erscheinende Dinge wie eine gesunde Lebensweise, körperliche Betätigung, erholsamer Schlaf, aber auch Freude, Ärger, Entspannung und Streß im wahrsten Sinne des Wortes lebenswichtig sind.

Wie weit aber Geist und Seele bei dem Thema Streß und Nervenkraft eine ganz entscheidende Rolle spielen, das haben Sie alle schon oft erlebt:

Da geht man unlustig, mißmutig, mit schlechter Laune ins Büro, schiebt die Arbeit von einer Seite auf die andere, und nach kurzer Zeit ist man schon richtig fertig! Fertig, obwohl man noch nichts oder fast nichts getan hat. Trotzdem ist man müde und ausgebrannt.

Nach acht Stunden geht man nach Hause, ist müde und abgespannt, ärgerlich darüber, daß der Tag umsonst war, man nichts geschafft hat.

Dann auf den Tennisplatz. Ein Forderungsspiel auf dem Platz des Gegners. Siehe da, nach zwei, drei Stunden ungeheurer Konzentration und Kraftaufwand hat man gesiegt, das Match gewonnen, man fühlt sich mit einem Mal richtig erholt, voller Spannkraft und neuer Energie. Und das, obwohl der Druck, der Streß groß war, man jetzt eigentlich viel mehr geleistet hat als den ganzen Tag über.

Und worin liegen die Ursachen: In unseren Zielen! In dem Sinn oder Unsinn, den wir einer bestimmten Tätigkeit beimessen. Streß ist eben nicht gleich Streß!

POSITIVER UND NEGATIVER STRESS

Streß ist für uns hier ein gutes Beispiel für die Ganzheit des Menschen. Überall wird doch heute von Streß geredet; es gibt den täglichen Arbeitsstreß, den Bürostreß, den Schulstreß – ja sogar den Freizeitstreß. Jeder redet vom Streß, ohne wirklich zu unterscheiden, in welcher Art von Streß er im Augenblick gerade steht.

Der Streßfoscher Hans Seyle unterscheidet aber ganz klar zwischen dem „EU-Streß" und dem „DI-Streß". Der EU-Streß, der „euphorische Streß", ist der, der uns Kraft, Energie und Lebensfreude gibt. Ein „positiver" Streß, der uns sogar gesund machen kann.

Sein Gegenstück ist der DI-Streß, der „negative", der „disharmonische Streß". Er, und nur er ist es, der uns demotiviert, uns Kraft raubt, uns fertig macht – ja uns sogar umbringen kann! Und genau um diesen Streß geht es uns, ihn müssen wir in den Griff bekommen.

Eine wesentliche Hilfe, diesen positiven Streß zu erzeugen, haben wir schon erkannt. Wenn wir Wünsche haben, wenn wir uns Ziele setzen, wenn wir dadurch unserem Leben einen neuen Sinn geben, dann können wir negativen Streß ausschalten oder in positiven Streß umwandeln!

NERVENKRAFT

Neben diesen wichtigen Maßnahmen kommt es jetzt auf unsere Nervenkraft an. Nervenkraft ist immer dann eine wichtige Voraussetzung, wenn es um die Lösung von Belastungssituationen geht. Wie sich fehlende Nervenkraft oder schwache Nerven äußern, wissen wir alle:

körperliche und geistige Ermüdung, mangelnde Konzentration, gestörtes Erinnerungsvermögen bis hin zum „Black-out“, dem totalen Versagen unseres Gedächtnisses.
Aber fehlende Nervenkraft äußert sich auch durch Aggressivität, Zorn, Angst, Schlafstörungen, körperliches Unwohlsein und allgemeine Erschöpfung.
Viele der sogenannten Zivilisationskrankheiten haben ihre Ursache in fehlender Nervenkraft. Daher sollte jeder von uns sofort etwas für seine Nerven tun.

UNSERE INNERE BATTERIE

Stellen Sie sich bitte einmal ein Auto und die dazu gehörende Starterbatterie vor. Ohne diese Batterie würde auch das beste, teuerste und leistungsfähigste Auto nicht anspringen. Fast jeder von uns hat sicher schon einmal erlebt, was passiert, wenn diese Batterie alt, verbraucht oder leer ist. Der Anlasser schafft es nicht mehr, den Motor zu bewegen, die Batteriekraft reicht nicht mehr aus.
Unsere Nervenkraft ist vergleichbar mit so einer „Starterbatterie“, ohne die unsere ganze innere Maschine, unser ganzer innerer Mechanismus nicht laufen kann. Es ist eine kostbare Energie, ohne die das Leben nicht möglich wäre.
Aber was tun wir für diese „innere Batterie“? Ständig laufen wir bei ihr auf Notstrom, geben ihr kaum Zeit, sich einmal richtig aufzuladen.
Ganz im Gegenteil, häufig verschwenden wir unsere kostbare Energie durch ständige Aufregung, Ärger und Streit.
Bei unserem Fahrzeug achten wir peinlich genau darauf,

daß alle Voraussetzungen für ein optimales Funktionieren gegeben sind, denn unser Auto hat Geld gekostet, vielleicht sogar viel Geld, und es sollte ein paar Jahre halten. Auf unsere Nervenkraft achten wir dagegen erst dann, wenn es schon fast zu spät ist.

ERHOLSAMER UND GUTER SCHLAF

Eine natürliche Ladestation für unsere „innere Batterie" ist der gesunde und erholsame Schlaf. Das bedeutet vor allem, wir müssen mit einer positiven Einstellung ins Bett

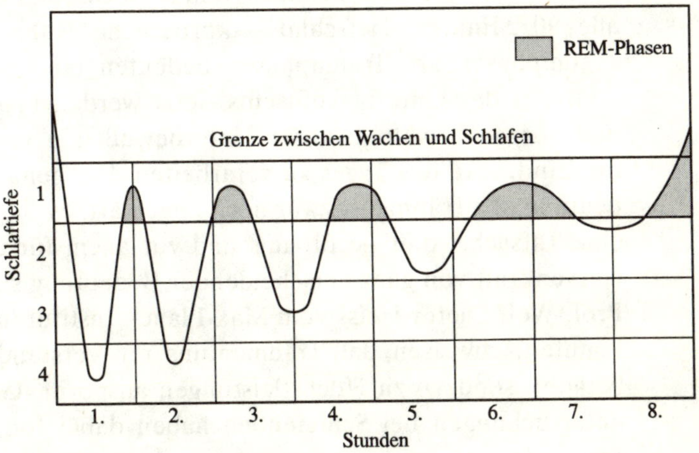

Abbildung: „Der Schlafrhythmus"
Der normale, gesunde Schlafverlauf ist ein ständiger Wechsel zwischen leichtem Schlaf, Tiefschlafphasen und Traumphasen. Wir können sagen, daß wir ca. alle 90 Minuten träumen, und das nicht nur einige Sekunden, sondern viele Minuten, ja, manchmal sogar fast eine Stunde.

gehen und mit dieser Einstellung nach Möglichkeit auch ein- und durchschlafen.
Aber was tun viele Menschen? Sie gehen mit Sorgen, Kummer, Aufregung und Streit ins Bett. Wälzen sich von einer Seite auf die andere und können vielleicht erst nach Stunden einschlafen.
Um auch sicher ein- und durchschlafen zu können, nehmen dann viele Menschen Schlaftabletten. Ein Schlaf jedoch, der mit Tabletten herbeigeführt wird, ist oft nicht erholsam, lädt die Nervenbatterie nicht oder nur recht schwach auf.
Warum ist das so? Sehen Sie sich dazu die Abbildung über unseren Schlafverlauf an.
An dieser Abbildung sehen Sie, wie ein natürlicher Schlaf abläuft. Im normalen Schlafrhythmus wechseln sich also alle 90 Minuten Tiefschlaf – körperliche Ruhe – mit Traumphasen ab. Traumphasen bedeuten eine erhöhte Aktivität des Unterbewußtseins. Jetzt werden Probleme und Sorgen bewältigt, unser Unterbewußtsein versucht, die Eindrücke des Tages zu verarbeiten. Die genaue Bedeutung der Träume ist zwar noch ungeklärt, es ist jedoch eine Tatsache, daß sie für uns und vor allem für unsere Nervenkraft von ganz entscheidender Bedeutung sind.
Prof. Wolf Dieter Heiss vom Max-Planck-Institut in Köln konnte nachweisen, daß Träumen unseren Verstand nicht betäubt, sondern zu Höchstleistungen anspornt. Gehirnuntersuchungen bei Schlafenden haben dabei folgendes erwiesen:
„Wer tief und traumlos schläft, dessen Gehirn verbraucht zwölf Prozent weniger Energie als im Wachzustand. Im Traumschlaf verbraucht das Gehirn 12 Prozent Energie mehr!
Den höchsten Energiebedarf hat der Teil des Großhirns, in dem das Denk- und Sprachzentrum sitzt und die Pla-

nungszentrale des Menschen. Im Traum werden zwei Aktivitäten gesetzt: Es wird geplant und erinnert, und zwar aus dem Langzeitgedächtnis. In diesem gleichzeitigen Ablauf zweier total verschiedener Gehirntätigkeiten, meint der Kölner Wissenschaftler, liege auch die Erklärung dafür, daß im Traum längst Vergangenes, Hochaktuelles und Erwartungen für die Zukunft eine so seltsame Mischung ergeben. Unser Gehirn leistet Nacht für Nacht Schwerarbeit!“

POSITIV DENKEN!

Sorgen, Kummer, Aufregung und Streit beeinflussen unseren Schlaf negativ. Noch viel schlimmere Auswirkungen haben jedoch starke Schlaftabletten, Tabletten, die dem „Durchschlafen“ dienen und starker Alkoholkonsum. Diese Rauschmittel beeinflussen unsere Traumphasen und können sie sogar ganz zum Verschwinden bringen.
Das Fatale ist, daß gerade Menschen, die sich in Streßsituationen befinden, verstärkt auf diese Mittel zurückgreifen. Ihr Schlaf ist jetzt nicht mehr erholsam, sie wachen zerschlagen und gerädert auf, und dies ist der Beginn eines Teufelskreises. Am Abend fürchten sie schon, wieder schlaflos im Bett zu liegen und greifen wieder zur Tablette und immer so weiter.
Die Folgen sind: ständig fehlende Nervenkraft, körperliche und geistige Schwäche, Fehlschläge und Mißerfolge in allen Bereichen, dann Angstzustände und Depressionen und in absehbarer Zeit eine organische Krankheit.
Es geht aber auch anders. Ganz einfache Dinge im Leben können unsere Nervenkraft stärken, unsere innere Batterie aufladen:

Ein liebes, zärtliches Wort unseres Partners, ein Lob unseres Chefs, ein Lob von den Mitarbeitern. Ein gutes Essen mit Freunden, ein schönes Musik- oder Theaterstück, ein schöner Film ... kurz: etwas, das uns Freude macht – und schon hat unsere innere Batterie einen neuen Energiestoß erhalten.

Wenn es um die Stärkung Ihrer Nervenkraft geht, dann sollten Sie mit diesen einfachen Dingen anfangen. Beginnen Sie mit Ihrem Schlaf und mit Ihrer inneren Einstellung. Hiermit können Sie sofort beginnen, und der Erfolg stellt sich schon nach ganz kurzer Zeit ein.

ATMEN IST LEBEN!

Atmen ist Leben, und richtige Atmung eine weitere wichtige Voraussetzung für unsere Nervenkraft. Wie weit unsere Atmung unser tägliches Leben, unseren Erfolg und Mißerfolg mitbestimmt, läßt sich sehr leicht beweisen:

Für Erregung und Anspannung, für Streß und Belastungen ist in vielen Fällen der Rhythmus unseres Herzschlages ein deutliches Barometer. Wir haben das alle schon erlebt, wenn uns das Herz bis zum Halse klopft, vor Aufregung rasend schlägt oder es vor Schreck fast stehen bleibt. Wir regen uns auf, und unser Herz fängt mit einem Mal an, immer schneller zu schlagen.

Atmung hilft uns auch, richtig und wirkungsvoll zu entspannen, ja, wir können sogar manchen Ärger einfach wegatmen. Aber eben nur dann, wenn wir richtig atmen.

Die meisten Menschen sind sogenannte Brustatmer. Das heißt, wenn sie einatmen, hebt sich die Brust, beim Ausatmen senkt sich die Brust. Diese Atmungsart hat aber den entscheidenden Nachteil, daß nur ein Bruchteil der

vorhandenen Lungenbläschen mit Sauerstoff gefüllt wird. Ein Großteil liegt brach und wird nicht oder nur mangelhaft genutzt.
Die Folgen sind: Kurzatmigkeit, Nervosität, innere Unruhe, Verspannung und meist auch eine schwache Stimme.
Sie erkennen hier, wie wichtig bewußtes Atmen sein kann. In unserem Praxisbereich zu diesem Kapitel werden wir uns mit einigen leichten Übungen beschäftigen, die uns helfen, die Atmung ganz gezielt zu unserer Gesunderhaltung und zur Stärkung der Nervenkraft einzusetzen.

ENTSPANNEN

Wie wichtig Entspannung ist, dazu ein Vergleich:
Stellen Sie sich einmal eine Feder vor, die ständig unter Spannung steht. Was passiert mit ihr?
Im Laufe der Zeit verliert sie ihre Spannung und wird müde. Wenn noch mehr Zeit in dieser „Anspannung" vergeht, dann bricht sie eines Tages! So ist es auch bei uns, wenn wir ständig in Spannung leben.
Wir leben in einer Zeit, die durch Hektik, Unruhe und Hast geprägt wird. Alles muß immer noch schneller, noch perfekter sein. Wir leben unter ständiger Anspannung und verlieren dabei unsere Spannkraft. Statt anzuhalten, ruhig zu werden und zu überlegen, was wir besser machen können, verstärken wir meistens noch den Druck und pressen das Letzte aus uns heraus.
Hektik, Nervosität und Streß engen aber oft unsere Wahrnehmung so stark ein, daß wir blind werden für das, was es noch Schönes und Lebenswertes auf dieser Erde gibt. Je starrer und unbeweglicher wir uns auf ein Pro-

blem fixieren, um so weniger können wir seinen ganzen Umfang wahrnehmen, um so länger werden wir nach einer Lösung suchen müssen.
Erst wenn wir entspannt und gelöst ein Problem, eine Situation überblicken, können wir diese auch richtig lösen.

EINE OPTIMALE LEISTUNGSBEREITSCHAFT

Erinnern Sie sich noch einmal an unser II. Kapitel, als wir über unseren Erfolg und seine Ursachen sprachen. Hier war der Bereich der „Leistungsbereitschaft" ein wesentlicher Punkt. Ohne eine optimale Leistungsbereitschaft ist kein wirklicher und vor allem dauerhafter Erfolg im Leben möglich. Das Beispiel von den Trainingsweltmeistern zeigte uns das sehr deutlich.
Und hier spielt die Nervenkraft eine sehr wichtige Rolle.

Unsere Leistungsbereitschaft –
das sind unter anderem solche Bereiche wie:

- ☐ Gefühle
- ☐ Gedanken
- ☐ Einstellung
- ☐ Vorstellungen
- ☐ Überzeugungen
- ☐ Wille
- ☐ Antriebe, Motive
- ☐ Phantasie, Kreativität
- ☐ Nervenkraft

Wie wichtig „Nervenkraft“, „Innere Ruhe“, „Abschalten können“ und „Entspannen“ sind, läßt sich leicht an einem Beispiel aus unserer Schulzeit verdeutlichen. Sie kennen alle solch eine Situation:
Eine Prüfung stand an. Wir waren eigentlich gut vorbereitet, aber trotzdem nervös, hatten Angst vor möglichen Fehlern, vor schlechten Noten und allem, was damit zusammenhing.
Dann fragte uns der Professor, und schlagartig war unser ganzes Wissen weg. Unser Kopf war leer, das Wort blieb uns im Halse stecken!
Jeder von uns hat das schon oft genug erlebt! Wie war es, als wir unser erstes Referat halten mußten? Unsere Vorbereitung war gut, trotzdem wurde unsere Stimme immer schwächer, der Puls raste hoch – und dann kam nichts mehr! Und der Grund: „Der Streß“ – werden jetzt wieder viele die Ursachen verallgemeinern.
Oft ist es aber so, daß fehlende Nervenkraft, starke Erregung, das Herz, das uns bis zum Halse schlägt, der rasende Puls, die Überspannung, in der wir uns befinden, die eigentlichen Ursachen für unseren plötzlichen Leistungsabfall sind. Der Streß ist nur die Wirkung, die auf diese Ursachen folgt.

ENTSPANNUNG DURCH ANSPANNUNG

Eine weitere gute Hilfe, um Streß, Belastungen und Überspannung abzubauen, sind einfache körperliche Anspannungsübungen, Übungen des „Isometrischen Trainings“. Bei diesen Übungen geht es darum, durch verstärkte Anspannung eine leichtere und schnellere Entspannung zu erreichen.

Machen Sie dazu einmal folgenden Versuch:
„Setzen Sie sich locker und entspannt hin. Schütteln Sie dann Ihre Arme und Hände aus und lassen Sie jetzt einen Arm locker nach unten hängen.
Jetzt heben Sie den anderen Arm hoch und ballen Sie fest Ihre Hand zu einer Faust. Fest anspannen und dabei bis vier zählen.
Nach dieser kurzen Anspannung die Hand und den Arm loslassen ..."
Jetzt fühlen Sie einmal in Ihre beiden Arme, in die Hände hinein. Sicher werden Sie sofort einen Unterschied merken. Der eine Arm fühlt sich wärmer oder auch etwas schwerer an. Wärme und Schwere sind hier ein Zeichen für verstärkte Durchblutung und Entspannung.
Durch diese einfachen Übungen können Sie augenblicklich angespannte und verspannte Muskelbereiche lockern und damit entspannen. Entspannen durch Anspannen, das können Sie mit Ihrem ganzen Körper machen. Überall, zu jeder Zeit, und die Wirkung tritt sofort ein.

TÄGLICH ENTSPANNEN!

Sie haben sicher schon jetzt erkannt, daß Entspannung uns helfen kann, täglich einen Schritt auf unserem Wege weiter zu kommen. In unserer Praxis werden wir uns noch ausführlich mit diesem Bereich beschäftigen. Jetzt ist es nur wichtig, daß Sie deutlich erkennen, wie uns einfache Übungen sofort helfen können.

FREUDE!

Einen wichtigen Gedanken sollten Sie sich bei allen diesen Maßnahmen immer wieder bewußt machen: Ein Grundgesetz unseres Lebens ist die Freude!
Alles, was uns Freude macht, macht uns das Leben leicht und lebenswert. Alles, was uns keine Freude macht, macht das Leben schwer.
Übertreiben Sie nichts, sondern ernähren Sie sich bewußt und treiben Sie auch bewußt Sport. Jede Übertreibung, egal in welcher Richtung, kann mehr schaden als nutzen.
Wenn Sie sich bewußt und damit gesund ernähren wollen, muß Ihnen das Essen Freude machen, es muß Ihnen auch schmecken. Ein schön gedeckter Tisch, Harmonie mit der Familie beim Essen, alles das ist Nervennahrung und lädt unsere innere Batterie auf.
Genauso ist es beim täglichen Jogging, wenn es um die Steigerung unserer körperlichen Leistungsfähigkeit geht.
Es ist wirklich so! Die gesundheitsbewußte Welle hat nur dann einen wirklichen Wert für uns, hilft uns nur dann, wenn es uns Freude macht, wenn wir unser Hobby, unseren Freizeit- und Erholungssport gemeinsam mit unserem Partner, mit unserer Familie und mit Freunden betreiben.

UNSERE WÜNSCHE UND ZIELE ENTSCHEIDEN!

Ziele sind eine wichtige Ursache für jeden Erfolg im Leben, und keiner von uns tut etwas, wenn er keinen Sinn in einer Handlung sieht. So ist es in jedem Bereich unseres Lebens, auch wenn es um unsere Gesundheit und um unsere Nervenkraft geht!

Wenn Sie Ihr Ziel und den Weg dahin klar und deutlich sehen, beginnen Sie die Grundlage für eine lebenswerte Zukunft zu schaffen. Das ist an erster Stelle Ihre Gesundheit, die gleichzeitig die Grundlage für eine harmonische, ausgeglichene Persönlichkeit ist. Der gesunde Mensch wird nicht nur große Erfolge erzielen, sondern er wird sich auch seines Lebens erfreuen können. Deshalb muß es Ihr größtes Bestreben sein, nicht nur gesund zu werden, sondern auch gesund zu bleiben.

Gesundheit soll und muß eines Ihrer obersten Ziele sein! Was nützen Ihnen alle Erfolge, wenn Sie am Ende dabei krank werden? „Gesundheit ist der größte Reichtum", sagt der amerikanische Philosoph Emerson. Aber leider wissen das die Menschen erst, wenn sie krank sind.

Wenn ich beim Aufbau einer erfolgreichen Zukunft die Nervenkraft und damit natürlich die gesamte Gesundheit in den Vordergrund stelle, so geschieht das, weil ich aus der Erfahrung weiß, daß jeder Erfolg nicht von außen, sondern von innen heraus erzielt werden muß. Die äußeren Mittel kommen erst an zweiter Stelle.

Eine erfolgreiche und harmonische Zukunft muß zunächst und zuerst in der Idee geboren werden, wie alles, was von Menschenhand bewußt geschaffen wurde, erst in der Idee entstand.

Blicken Sie um sich: Alles, was Sie sehen, entstand erst geistig. Der Stuhl, auf dem Sie sitzen, wie auch das Haus, in dem Sie wohnen. So ist es mit allen Dingen, und so ist es auch mit Ihrer Zukunft, die letzten Endes nur die Verwirklichung Ihrer Gedanken ist.

Je vollkommener eine Sache werden soll, umso vollkommener muß auch die Idee sein. Vollkommene Ideen sind immer das Ergebnis eines klaren, zielgerichteten, positiven Denkens.

PRAXIS

Leistungsfähig werden

Wo ein Begeisterter steht, ist der Gipfel der Welt.

JOSEPH VON EICHENDORFF

ERFOLGSURSACHEN

Erfolg im Leben baut auf den verschiedensten Ursachen auf. Das wissen Sie, und damit haben wir uns schon im II. Kapitel beschäftigt. Machen Sie sich aber hier diese entscheidenden Ursachen noch einmal bewußt:

ERFOLG, das heißt:

- ☐ Sich Wünsche erfüllen
- ☐ Die eigenen, selbstgestellten Ziele erreichen
- ☐ Innere und äußere Harmonie und Zufriedenheit erlangen

Sie sehen hier noch einmal, daß Gesundheit und Nervenkraft eine wichtige Grundlage all der Dinge sind, die wir einmal in unserem Leben erreichen wollen.

Für uns geht es jetzt, in diesem Praxisbereich um die Nervenkraft – und was wir für diese wichtige Kraft alles tun können.

Wichtige Grundlagen:

- ☐ Glaube und Vertrauen in sich selbst und in das eigene Leben
- ☐ Der Sinn des Lebens
- ☐ Wünsche im Leben haben
- ☐ Ziele erkennen
- ☐ Systematische Planung
- ☐ Partner, Familie, Freunde, Umfeld
- ☐ Vertrauen in die täglichen Aufgaben
- ☐ **Gesundheit, Nervenkraft**

Voraussetzungen sind:

Unsere Leistungsfähigkeit:

- ☐ Allgemeinwissen
- ☐ Fachwissen
- ☐ Techniken
- ☐ Zielsetzungen
- ☐ Planung
- ☐ Persönlichkeit
- ☐ **Gesundheit**
- ☐ **Nervenkraft**
- ☐ Kreativität

Unsere Leistungsbereitschaft:

- ☐ Gefühl
- ☐ Gedanken
- ☐ Einstellung
- ☐ Vorstellungen
- ☐ Überzeugungen
- ☐ Wille
- ☐ Antriebe, Motive
- ☐ Fantasie

Was unsere Nervenkraft positiv beeinflußt, das kennen Sie ja auch schon. Es sind:

1. Erholsamer Schlaf.
2. Vernünftige, gesunde Ernährung.
3. Genügend körperliche Bewegung, vor allem ausdauernde Bewegung.
4. Richtige Atmung.
5. Der Sinn des Lebens, unsere Wünsche und Ziele.
6. Lebensfreude und eine positive Einstellung.
7. Als zusätzliche Aufladestation: Immer wieder entspannen!

POSITIV EINSTELLEN

Sorgen, Kummer, Aufregung und Streit beeinflussen unseren Schlaf negativ. Nehmen Sie sich vor, abends ohne Sorgen ins Bett zu gehen. Es ist zwar nicht ganz einfach, aber Sie können sich kleine Hilfen schaffen. Stellen Sie sich beispielsweise vor, daß Sie Ihre Sorgen und die täglichen Belastungen mit Ihren Kleidern ausziehen und weglegen.
Sagen Sie sich: „Im Moment kann ich die Probleme ja sowieso nicht lösen, und morgen ist auch noch ein Tag. Also weg mit den Sorgen, weg mit den Problemen ...“.
Beenden Sie Streit und Ärger mit Ihrem Partner und Ihrer Familie. Nehmen Sie keine Schlaftabletten und meiden Sie übermäßigen Alkoholgenuß.

POSITIV DEN TAG BEGINNEN!

Beginnen Sie den neuen Tag mit positiven Gedanken. Prüfen Sie, ob sich Ihr Radiowecker nicht genau zu den Nachrichten einschaltet. Denn mit diesen „Negativmeldungen“ können Sie sich auch später noch beschäftigen.

Der Morgen entscheidet darüber, wie der ganze Tag abläuft. Viele Menschen belasten sich schon morgens mit zentnerschweren Gewichten und schleppen diese Gewichte den ganzen Tag mit sich herum. Das ist absoluter Unsinn und unnütze Kraftverschwendung.

Beobachten Sie einmal, wie Sie sich morgens begrüßen, was Sie zu sich selbst sagen, wenn Sie Ihr Gesicht im Badezimmerspiegel sehen. Lachen Sie sich an oder erschrecken Sie vor Ihrem eigenen Anblick? Also begrüßen Sie sich einfach positiv, lächeln Sie sich an, und sagen Sie zu sich selbst: „Guten morgen, heute wird es ein guter Tag ...!“

Ärgern Sie sich nicht über unabänderliche Dinge wie zum Beispiel über den täglichen Stau auf der Straße oder über das Wetter! Sie können das ja doch nicht beeinflussen, es nicht ändern!

Bemühen Sie sich um eine positive Einstellung, zu Ihrem Wohl, zum Wohl Ihrer Nervenkraft und auch zum Wohl Ihrer Familie und Mitmenschen.

ERNÄHRUNG UND BEWEGUNG

Weitere Voraussetzungen für unsere Nervenkraft sind Ernährung und Bewegung. Hierzu gibt es heute schon genug positive Erkenntnisse, so daß wir darüber nicht sehr ausführlich sprechen müssen.

Die Ordnung unserer Nahrung nach Prof. Kollath

	Lebensmittel			Nahrungsmittel		
	a) natürlich	b) mechanisch verändert	c) fermentativ verändert	d) erhitzt	e) konserviert	f) präpariert
Pflanzenreich	1a) Samen I; Nüsse. Mandeln	1b) Öle	1c) Eigenfermente: Hefe, Bakterien	1d) Gebäcke I, Brot aus Vollmehl bis Feinmehl	1e) Gebäcke II, Konditorwaren, Kuchen	1-2f) Pflanzliche Präparate, Kunstfette, Stärke,Eiweiß, Zucker, Auszugsmehl, Grieß, Makkaroni, Nudeln
	2a) Samen II, Getreide	2b) Mahlprodukte, Vollmehl, Schrote	2c) Breie ungekocht, Vollschrot, Vollmehl	2d) Breie gekocht	2e) Dauerbackwaren, Konfekt, Schokolade	
	3a) Früchte	3b) Salate I, Naturtrübe Säfte	3c) Gärsäfte	3d) Gemüse II	3e) Fruchtkonserven, Marmeladen	3-4f) Aromastoffe, Fruchtzucker, Vitamine, Wuchsstoffe, Fermente, Nährsalze
	4a) Gemüse I	4b) Salate II	4c) Gärgemüse, Sauerkraut	4d) Gemüse III	4e) Gemüsekonserven	
Tierreich	5a) Eier	5b) Blut	5c) Schabefleisch	5d) erhitztes Fleisch	5e) Tierkonserven	5f) Tierpräparate
	6a) Milch	6b) Milchprodukte	6c) Gärmilch	6d) gekochte Milch	6e) Milchkonserven	6f) Milchkonserven
Getränke	7a) Quellwasser	7b) Leitungswasser	7c) Gärgetränke, Wein, Bier	7d) Extrakte, Teearten, Brühe	7e) Gemische, Kunstwein, Liköre	7f) Destillate, künstl. Mineralwasser, Branntwein

Einige Ratschläge zu einer „bewußten Ernährung“ möchte ich Ihnen aber trotzdem mitgeben:

1. Ersetzen Sie fettreiche Kost durch fettarme Kost.
2. Reduzieren Sie Ihren Fleischkonsum und nehmen Sie bewußt Nahrungsmittel zu sich, die am Anfang der „Nahrungskette“ (siehe Abbildung) stehen.
3. Meiden Sie Salz und salzhaltige Nahrungsmittel. Sie erhöhen den Blutdruck und entziehen dem Körper Flüssigkeit.
4. Reduzieren Sie drastisch den Zuckerverbrauch.
5. Reduzieren Sie den Verbrauch von Weißmehl und Weißmehlprodukten. Essen Sie statt dessen Vollkornmehl und Vollkornprodukte.

Wenn Sie noch einen Schritt weiter gehen wollen, dann beschäftigen Sie sich genauer mit der „Vollwertigen Ernährung“.

EINE WIRKUNGSVOLLE ATEMÜBUNG

Wenn Streß und Nervosität uns belasten, können wir durch systematische Bauch- und Zwerchfellatmung innerhalb von ganz kurzer Zeit ruhiger werden:
Setzen Sie sich dazu entspannt und locker hin, legen Sie eine Hand auf den Bauch und schließen Sie Ihre Augen.
Konzentrieren Sie sich jetzt ganz bewußt auf Ihren Atemvorgang.
Beim Ausatmen senkt sich der Bauch, die Brust bleibt ganz ruhig.
Beim Einatmen hebt sich der Bauch, auch hier bleibt Ihre Brust ganz ruhig.

Atmen Sie so drei bis fünf Mal ganz ruhig durch die Nase ein und aus.
Stellen Sie sich dazu in Gedanken vor, daß Sie bei jedem Atemzug immer ruhiger, immer entspannter werden, immer ruhiger, immer entspannter.
Machen Sie diese einfache Übung immer dann, wenn Sie unter Druck stehen oder wenn eine Belastungssituation bevorsteht.

Eine weitere leicht durchführbare, gute Atemübung ist folgende:

Sie stellen sich zunächst aufrecht und gerade hin und lassen alle Muskeln erschlaffen. Dann atmen Sie ruhig drei bis vier Sekunden lang ein, halten darauf die Luft zwei bis drei Sekunden an und stoßen sie dann während vier bis fünf Sekunden durch den Mund langsam wieder aus.
Außerordentlich wichtig ist bei dieser Übung, daß sie bewußt, d. h. mit Gedankenkonzentration ausgeführt wird.
Denken Sie stets daran, daß Atem Leben ist, wie schon die alten Philosophen sagten. In der Luft ist Lebenskraft, die Sie Ihrem Körper bei der Einatmung zuführen. Stellen Sie sich das recht plastisch, also bildlich vor.
Beim Anhalten der Luft müssen Sie denken, wie die eingeatmete Luft in Ihrem Körper alle Lebensvorgänge anregt. Bei der Ausatmung stellen Sie sich vor, wie alles Kranke und Schlechte Ihren Körper verläßt.
Machen Sie diese Übung am Anfang etwa vier bis fünf Mal hintereinander und wiederholen Sie die gesamte Übung mittags und abends in der gleichen Weise.

ENTSPANNUNG DURCH ANSPANNUNG

Bei diesen Übungen geht es darum, durch verstärkte Anspannung eine leichtere und schnellere Entspannung zu erreichen.
Erinnern Sie sich bitte dazu noch einmal an den Versuch, den ich im theoretischen Teil beschrieben habe:
Setzen Sie sich locker und entspannt hin. Schütteln Sie dann Ihre Arme und Hände aus und lassen Sie jetzt einen Arm locker nach unten hängen.
Jetzt heben Sie den anderen Arm hoch und ballen Sie fest Ihre Hand zu einer Faust. Fest anspannen und dabei bis vier zählen.
Nach dieser kurzen Anspannung die Hand und den Arm loslassen …
Jetzt fühlen Sie einmal in Ihre beiden Arme, in die Hände hinein. Sicher werden Sie sofort einen Unterschied merken. Der eine Arm fühlt sich wärmer oder auch etwas schwerer an. Wärme und Schwere ist hier ein Zeichen für verstärkte Durchblutung und Entspannung.
Bei dieser Entspannungstechnik kommt es, das haben Sie ja erkennt, auf die Anspannung an. Sie können dieses Übungsprogramm um weitere eigene Übungen erweitern. Einige Beispiele dazu folgen auf den nächsten Seiten.

Morgens vor dem Aufstehen

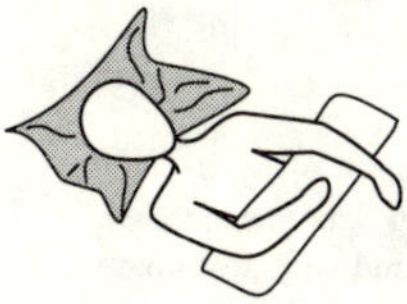

1 Kopf gegen das Kissen drücken. Einfachstes Mittel zum Wachwerden.

2 Mit der einen Hand den anderen Unterarm packen und fest umklammern.

Auf dem Bettrand sitzend

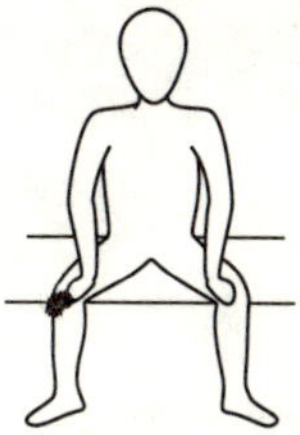

3 Hände auf die Knie stemmen und nach unten drücken.

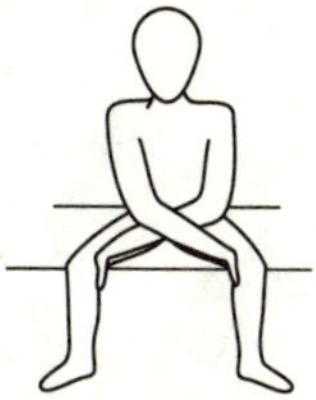

4 Rechte Handfläche an die Innenseite des linken Knies legen, linke Handfläche an das rechte Knie, mit den Händen nach außen, mit den Knien nach innen drücken.

Nach dem Aufstehen

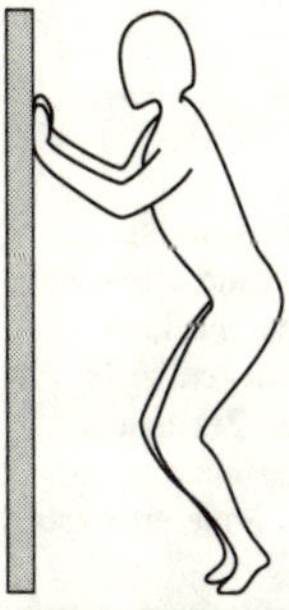

5 Sich einen halben Meter entfernt vor eine Wand stellen, Knie leicht gebeugt, Fersen über dem Boden. Handflächen an die Wand legen, Finger nach oben, mit dem ganzen Körper stoßen.

Im Badezimmer

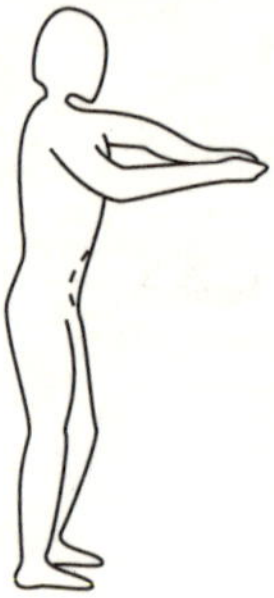

6 Beim Waschen, Zähneputzen, Rasieren, Schminken usw. die Bauchmuskeln einziehen.

7 Einen lautlosen Schrei darstellen, Augen und Mund weit aufreißen.

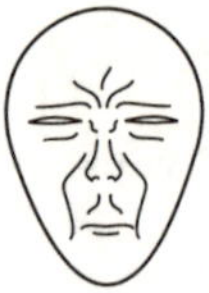

8 Ganzes Gesicht zusammenkneifen, so klein wie möglich.

Im Auto

9 Bei rotem Verkehrslicht Bauchmuskeln sechs Sekunden einziehen.

10 Hände seitlich an das Steuerrad legen und es auseinanderziehen oder zusammendrücken (gleichzeitig mit Nr. 9).

11 Handflächen gegen Wagendach stemmen.

12 Hände auf die Knie legen, mit Hilfe der Unterarm-, Schulter-, Brustmuskeln nach unten drücken, zugleich von den Zehen aus nach oben stemmen, so daß Schenkel und Bauchmuskeln mitarbeiten.

BEWUSSTE MUSKELENTSPANNUNG

Bei dieser Übung geht es darum, den Körper und die verschiedensten Muskelpartien sehr tief und intensiv zu entspannen.

Ideal ist diese Übung immer dann, wenn Sie sich in einem Leistungstief befinden oder eine wichtige Arbeit, die volle Konzentration verlangt, vor sich haben.

Lesen Sie sich diesen kurzen Text einige Male vorher durch und lassen Sie dann dieses Programm in Gedanken ablaufen. Sorgen Sie bei dieser Übung dafür, daß Sie die nächsten Minuten nicht gestört werden, und setzen oder legen Sie sich locker hin.

Übung:

➤ Richten Sie Ihre Aufmerksamkeit auf Ihren Körper. Fühlen Sie in Ihren Körper hinein, fühlen Sie die Spannungen in Ihrem Körper.
Richten Sie Ihre Aufmerksamkeit auf Ihren Kopf auf den Nacken, die Schulterpartie.
Spannen Sie jetzt Ihre Schultern an, ziehen Sie die Schultern hoch, spannen Sie die ganze Schulterpartie an. Fest anspannen, anspannen und dann loslassen und entspannen.

➤ Richten Sie jetzt Ihre Aufmerksamkeit in den rechten Arm, die rechte Hand.
Atmen Sie ein und spannen Sie die Hand, den Arm ganz fest an. Ballen Sie die Hand zu einer Faust. Anspannen, fest anspannen.

Dann loslassen, entspannen und dabei ausatmen. Entspannen.

➤ Vergleichen Sie jetzt einmal rechts mit links. Der rechte Arm, die rechte Hand sind jetzt entspannt.

➤ Und jetzt das gleiche mit der linken Seite. Spannen Sie den linken Arm, die linke Hand fest an. Ballen Sie dabei die Hand zu einer Faust, fest anspannen.

Dann wieder loslassen, ausatmen und entspannen.

➤ Jetzt richten Sie Ihre Aufmerksamkeit auf das rechte Bein, den rechten Fuß.

Spannen Sie den Fuß, das Bein fest an. Strecken Sie das Bein vom Körper weg und spreizen Sie die Fußzehen. Fest anspannen, ganz fest anspannen.

Dann wieder loslassen, entspannen, tief ausatmen.

➤ Das rechte Bein, der rechte Fuß sind jetzt ganz entspannt, ganz locker.

Vergleichen Sie auch jetzt wieder rechts mit links. Entspannung und Anspannung.

➤ Jetzt die gleiche Übung mit dem rechten Fuß, mit dem rechten Bein. Fest anspannen, anspannen und dann loslassen, entspannen und ausatmen.

➤ Die Ruhe und Entspannung in Ihnen wird jetzt immer größer. Ihr Körper entspannt sich immer mehr. Prägen Sie sich das Gefühl dieser körperlichen Entspannung fest ein.

➤ Zum Abschluß der Übung atmen Sie einige Male tief und fest ein und aus.
Spannen Sie Ihre Muskeln an und dehnen und strecken Sie sich.

ENTSPANNUNG VON KÖRPER UND GEIST

Diese Übung ist eine weitere Vertiefung der Entspannung und baut auf der vorherigen Übung auf.
Zusätzlich zu der körperlichen Entspannung aktivieren Sie bei dieser Übung geistige Kräfte mit dem Ziel, Ihre Leistungsfähigkeit weiter zu erhöhen.
Sorgen Sie auch bei dieser Übung dafür, das Sie die nächsten Minuten nicht gestört werden, und legen Sie sich entspannt hin.
Eine weitere Unterstützung der Entspannung erreichen Sie bei dieser Übung, wenn Sie im Hintergrund leise harmonische, nicht zu stark rhythmische Musik laufen lassen, wie zum Beispiel von Mozart KV 466, 2. Satz und KV 467, 2. Satz, von Händel alle langsamen Sätze aus Concerti grossi op. 6, 6–12, oder von Vivaldi „Die vier Jahreszeiten“ und hier besonders das Largo aus dem „Winter“, oder auch von A. Dvorak NR. 9, 2. Satz. Aber es eignen sich dazu genauso Musikstücke von modernen Komponisten und Interpreten, wie zum Beispiel George Zampfir „Panflöte“, viele Stücke der Beatles, Louis Amstrong „A wonderful world“ , Neil Diamond „Die Möwe Jonathan“, Whitney Housten „Didn't we almost have it all“.

Übung:

- ➤ Atmen Sie ganz langsam und ruhig, und schalten Sie alle Gedanken aus der Umwelt aus.
  Aber nicht mit Zwang, mit Gewalt, sondern einfach loslassen. Loslassen und entspannen und ruhig und gleichmäßig atmen.
- ➤ Konzentrieren Sie Ihre Aufmerksamkeit auf Ihre Atmung. Ruhig und gleichmäßig atmen.
  Entspannen und nur auf die Atmung achten.
  Beim Einatmen hebt sich Ihr Bauch, die Brust bleibt ganz entspannt.
  Beim Ausatmen senkt sich Ihr Bauch.
- ➤ Sagen sie sich jetzt in Gedanken:
  Bei jedem Atemzug werde ich immer ruhiger, immer entspannter.
- ➤ Jetzt lenken Sie Ihre Aufmerksamkeit in Ihren Körper. Beobachten Sie sich selbst.
  Fühlen Sie den Druck, den Druck an der Stelle, wo Ihr Körper den Untergrund berührt.
  Atmen Sie dabei ruhig und entspannt.
- ➤ Jetzt spannen Sie Ihre rechte Hand, Ihren rechten Arm an. Ballen Sie die rechte Hand zu einer Faust und strecken Sie den Arm vom Körper weg.
  Anspannen, fest anspannen und dann loslassen, entspannen, ganz entspannen …
- ➤ Dann die gleiche Übung mit dem linken Arm, der linken Hand.
  Anspannen, fest anspannen und loslassen, entspannen.

Ruhig und gleichmäßig atmen, entspannen, immer tiefer entspannen.

- ➤ Ziehen Sie jetzt ihre Schultern hoch, die ganze Schulterpartie anspannen.
  Dann wieder loslassen und entspannen.
  Ruhig und gleichmäßig atmen und entspannen.
- ➤ Und jetzt strecken Sie ihre Beine, Ihre Füße so weit es geht vom Körper weg, nach unten, nach vorne, spreizen Sie dabei die Zehen, als ob Sie Schwimmhäute zwischen den Zehen hätten.
  Anspannen, fest anspannen und dann wieder loslassen, entspannen.
- ➤ Ruhig und gleichmäßig atmen, entspannen.
  Die Entspannung wird immer tiefer, immer tiefer.
- ➤ Jetzt lenken Sie Ihre Aufmerksamkeit auf Ihr Herz, auf Ihren Herzschlag.
  So ruhig und gleichmäßig wie Sie jetzt atmen, so ruhig und gleichmäßig schlägt auch Ihr Herz.
  Ruhig und gleichmäßig.
  Sie spüren den Schlag Ihres Herzens, ruhig und gleichmäßig. Sie können sich auf diesen gleichmäßigen Schlag verlassen, ja Sie können sich auf diesen Schlag verlassen.
- ➤ Immer ruhiger schlägt Ihr Herz, immer gleichmäßiger, immer entspannter, immer ruhiger.
  Lassen Sie alle Gedanken los, alle störenden Gedanken. Lösen sich von ihnen, lassen Sie los…
  Denken Sie jetzt an Ruhe. Stellen Sie sich Ruhe vor.
- ➤ Wenn Sie an Ruhe denken, dann werden Sie auch ruhig.

- ➤ Stellen Sie sich Nervenkraft vor, dann werden Ihre Nerven immer stärker.
- ➤ Stellen Sie sich Gesundheit vor, dann wird Ihre Gesundheit immer besser.
  Was Sie denken, bleibt Wirklichkeit.
- ➤ Stellen Sie sich vor, wie Ihre Nervenkraft immer besser wird, wie Sie innerlich immer ruhiger und ausgeglichener werden, wie Ihre Gesundheit und Ihr allgemeines Wohlbefinden immer besser werden.
- ➤ Stellen Sie sich das ganz fest vor, und freuen Sie sich, das es Ihnen schon so gut geht.
  Ihr Körper wird immer ruhiger, alle Organe und Systeme arbeiten einwandfrei.
  Ihre Innere Ruhe wird immer stärker, Ihre Nervenkraft steigert sich von Tag zu Tag.
- ➤ Prägen Sie sich dieses innere Gefühl noch einmal ganz fest ein. Schaffen Sie in sich ein Erinnerungsbild von dieser Ruhe und Stärke.
  Sagen Sie zu sich selbst:
  Ich kann mich jederzeit an diesen Zustand erinnern, ich kann jederzeit dieses Gefühl in mir wachrufen.
- ➤ Jetzt vertiefen Sie wieder Ihre Atmung. Atmen Sie tief ein und aus.
  Spannen Sie Ihre Muskeln an, dehnen und strecken Sie sich.
  Und dann öffnen Sie Ihre Augen.
  Jetzt sind Sie voller Spannkraft, voller Energie und Lebensfreude.

WAS GIBT ES NOCH AN ANDEREN MÖGLICHKEITEN?

Autogenes Training nach Prof. J. H. Schulz:

Durch festgelegte Übungen erreichen Sie eine tiefe Entspannung des Körpers. Es entsteht das Gefühl, die eigenen Körpervorgänge bewußt beeinflussen zu können.
Progressive Muskelrelaxion nach Jacobson:
Bei dieser Technik handelt es sich um eine Weiterführung der von mir hier kurz beschriebenen Muskelentspannung, bei der der gesamte Körper systematisch entspannt werden kann.

Psychohygienetraining nach Dr. H. Lindemann:

Bei diesem Übungsprogramm handelt es sich um eine Abwandlung des Autogenen Trainings, daß für die Menschen geeignet ist, die mit dem Autogenen Training Schwierigkeiten haben.

Biofeedback-Training:

Bei diesem System handelt es sich um ein Programm, bei dem Körperreaktionen (z. B. Hautwiderstand, Muskelspannungen) durch spezielle elektronische Geräte verstärkt und sichtbar gemacht werden.
Der Übende erkennt dabei sehr schnell, wann und wie der Körper reagiert und wie er vorgehen muß.

Meditation:

Betrachtung, Selbstentfaltung des Geistes. Bei diesen Übungen müssen Sie erreichen, daß sich Ihr Geist völlig allein betätigt, während Sie sich nur wie ein Betrachter und Beobachter verhalten. In dieser Betrachtung malen Sie sich die Entspannung so deutlich aus, daß dadurch ein geistiges Bild entsteht, das dann alle inneren Spannungen löst.

Hatha-Yoga:

Bei dieser Art von Yoga handelt es sich um langsame, meditative Übungen, durch die feinere Körperenergien freigesetzt werden. Dies führt zu seelischer und körperlicher Entspannung und zu einer gefühlsmäßigen Erfahrung und Akzeptierung des eigenen Körpers.

IV.

Positiv statt negativ!

Wir streben mehr danach, Schmerz zu vermeiden, als Freude zu gewinnen.

SIGMUND FREUD

UNSER DENKEN ENTSCHEIDET

Sie haben schon gemerkt, daß ich den Schwerpunkt immer wieder auf Ihre positive Lebenseinstellung lege. Das ist nicht nur notwendig, um möglichst oft bei guter Laune zu sein, um ärgerliche und unangenehme Situationen schnell zu überwinden, sondern vor allem, um Ihre Gedanken, Ihr „geistiges Ich", positiv zu stimmen. Gedanken sind die eigentliche Ursache für alles Glück, aber auch für alles Unglück in Ihrem Leben, ja für alles Unglück in der Welt.

„Herrschaft über die Gedanken gibt Macht über Leib und Leben." Diesen Satz prägte vor über 2500 Jahren der große Religionsstifter Gauthama Buddha, und dieser Satz gilt in der heutigen Zeit mehr denn je.

Wenn Sie von einer lebenswerten, einer erfolgreichen Zukunft sprechen wollen, dann müssen Sie diese Zukunft zuerst in Ihren Gedanken schaffen. Erst damit schaffen

Sie für dieses Ziel die richtige Voraussetzung. Bei dem Wort „Gedanken“ meine ich Vorstellungen, geistige Bilder, auf die Sie Ihre Aufmerksamkeit lenken und die dann anfangen, in Ihnen selbständig zu arbeiten.
„Stellen Sie sich bitte einmal vor, vor Ihnen auf dem Boden liegt ein breites, langes Brett. Würden Sie über dieses Brett laufen? – Sicherlich ...“.
„Und nun stellen Sie sich bitte vor, dieses Brett liegt über einer tiefen Schlucht. Würden Sie jetzt noch über dieses Brett gehen? Es würde Sie wahrscheinlich eine große Anstrengung kosten, und nach Möglichkeit würden Sie einen anderen Weg suchen.“
Warum? In der ersten Situation sagt Ihnen Ihre Vorstellung: „Da kann ja nichts passieren.“
In der anderen Situation wird durch Ihre Gedanken das negative Gefühl so stark, daß sich Ihre Vorstellung nur noch mit dem einen Gedanken beschäftigt: „Was passiert, wenn ich da ausrutsche ...“.
Jetzt über das Brett gehen, das wird Ihnen fast unmöglich, und ein Fehltritt, ein Versagen ist hier schon fest mit einprogrammiert.

GEDANKEN UND GEFÜHLE

Im allgemeinen ist es so, daß Ihr Wille Ihre Vorstellungen lenken kann. Ist aber Ihre Nervenkraft geschwächt, haben Sie Angst, sind Sie unsicher, verliert Ihr Wille im Kampf gegen die Vorstellungen. Es kostet Sie dann sehr viel Kraft, ein Hindernis zu überwinden, eine bestimmte Arbeit durchzuführen. Damit lassen sich auch die vielen Hemmungen erklären, die nach einem Mißerfolg so oft auftreten. In dieser Situation arbeiten die Gedanken durch die negativen Erfahrungen gegen Ihren Willen. Ihr Gefühl sagt Ihnen: „Das schaffst Du doch nicht! Das geht wieder schief!“ Und Ihr Mißerfolg ist schon einprogrammiert.

Ein Gedanke, eine Vorstellung lenkt und beeinflußt Ihren Körper dann, wenn er Ihr Gefühl beherrscht. Ist das der Fall, so wird Ihr Wille immer schwächer, und die Vorstellung kann Wirklichkeit werden.

Ist das vielleicht für Sie im Augenblick noch eine unbewiesene Behauptung?

Jedes Jahr werden von der Industrie Milliarden für die Werbung ausgegeben. Und was machen die Werbefachleute mit uns, mit den Verbrauchern? Sie entwerfen Anzeigen, produzieren Werbespots für Rundfunk und Fernsehen und gaukeln uns in den schönsten Bildern vor, was geschieht, wenn wir das Waschmittel A oder den Kaffee J kaufen! Vorstellungen werden in uns geweckt, die dann völlig automatisch unser Gefühl und unser Handeln beeinflussen.

Schauen Sie sich einmal bewußt die Werbesendungen im Fernsehen an. Erscheinen diese Spots nicht oft vollkommen unrealistisch? Und doch wirken sie.

Josef Kirschner beschreibt in seinem Buch: „Manipulieren – aber richtig“ die Bedeutung des Gefühls mit folgenden Worten:

„Gleichgültig, für wie gescheit, intelligent, gebildet und emanzipiert Sie sich auch halten, Sie werden bei der Betrachtung Ihres bisherigen Lebens zugeben müssen: Alles, was Sie tun, wird letzten Endes mehr von Gefühlen als von rationalen Überlegungen bestimmt.“

Verstehen Sie jetzt die tiefe Bedeutung, die in dem Satz: „Gedanken, die unser Gefühl beherrschen, lenken und leiten uns, lassen uns siegen oder untergehen“ liegt?

Sie müssen immer wieder zwei Arten von Vorstellungen, von Gedanken unterscheiden – positive und negative. Während positive Gedanken Erfolg, Glück und Gesundheit schaffen, bringen die negativen Krankheit, Mißerfolg und sogar den Tod.

Wann denken Sie nun positiv?

Wenn Sie über Widerstände und unangenehme Dinge nicht wie die meisten Menschen klagen und stöhnen; wenn Sie alle Angst vor Krankheit und Mißerfolg aus Ihrem Herzen bannen und sich immer wieder sagen, daß Sie es schaffen werden und daß alles – was Sie sich wünschen – unbedingt in Erfüllung geht.

Und wann denkt man negativ?

Wenn man in jedem Fehlschlag den Anfang seines Unterganges sieht; wenn man fortwährend meint, daß nur andere glücklich sind; wenn man den ganzen Tag über nichts anderes zu tun weiß, als über seine Leiden nachzudenken.

Verstehen Sie nun, warum ich so großen Wert auf eine positive Lebenseinstellung lege? Jeder ist seines Glückes Schmied; was der Mensch denkt, wird er unfehlbar ernten.

Erfüllen Sie sich mit Vorstellungen der Gesundheit, werden Sie gesunden; erfüllen Sie sich mit Vorstellungen des Selbstvertrauens, werden Sie überlegen, ruhig und sicher handeln.

Denken Sie, daß Sie nie etwas erreichen werden, werden Sie auch nichts erreichen. Denken Sie, daß Sie schaffen, was Sie sich vorgenommen haben, dann werden Sie es erreichen!

EINE KRANKHEIT UNSERER ZEIT: DER PESSIMISMUS!

Ich gebe zu, daß dies leichter gesagt als getan ist, denn gewöhnlich ist es so: Je mehr man versucht, positiv zu denken, um so mehr fühlt man, wie negative Gedanken sich bemerkbar machen. Wie kommt das?

Nun, das vorhin Gesagte ist der Fall: Längst haben negative Gedanken das Gefühl in der Gewalt, jede Anstrengung des Willens, nur positive Gedanken zu dulden, wird unterdrückt. Und wodurch kommt das? Ganz einfach deshalb, weil durch Erziehung und Beeinflussung sowie durch die bisherigen Lebenserfahrungen Angst und Sorge im Menschen wachgerufen worden sind.

Jeder Mensch hat von Natur aus das Bestreben, möglichst alles Unangenehme und Störende von sich abzuhalten.

Hat er nun einmal eine schlechte Erfahrung gemacht oder wird ihm ständig von außen eine bestimmte Vorstellung, ein Gedanke eingeredet, so bleibt das in seiner Erinnerung haften.

Angst und Sorge vor einem gleichen oder ähnlichen Erleben stellen sich bei ihm ein, und er denkt und handelt in der den Vorstellungen entsprechenden Weise.

Können Sie sich jetzt vorstellen, warum ich einen so großen Wert auf eine positive Lebenseinstellung lege? Was Sie beschäftigt, was Sie sehen, hören und fühlen, das wird unausweichlich Ihr Handeln und damit Ihre Zukunft bestimmen.

Wenn Sie einen Behälter mit Salz füllen, können Sie doch nicht allen Ernstes erwarten, damit ein Gericht süßen zu können! – Sie können es bestenfalls versalzen!

Hier können Sie erkennen, wie falsch unsere Jugend von ihrer Umwelt behandelt wird. Aber auch, wie oft Sie sich selbst, Ihre Familienangehörigen, Ihre Mitmenschen – ja, die ganze Umwelt falsch behandeln!

WER IST DER REALIST?

Sie werden jetzt vielleicht sagen: „Das ist doch nicht realistisch! Im Beruf und im Umgang mit den anderen ist doch nun wirklich nicht alles so positiv. Wir brauchen uns nur unsere Situation anschauen!
Und unsere Umwelt und auch der Weltfriede sind doch wieder in ernstlicher Gefahr!
Die Zeit ist im Augenblick alles andere als gut! Und dann meine Krankheit – an der leide ich doch ...!"
Das mag ja auch in vielen Bereichen stimmen. Aber seien Sie einmal ehrlich zu sich selbst – was nützt es Ihnen, wenn Sie Ihre Aufmerksamkeit immer weiter auf die negativen Dinge lenken, wenn Sie das „geistige Ich" immer mehr negativ belasten. Wird dadurch etwas besser? Schaffen Sie dadurch die innere Kraft, das Negative zu ändern?
Sie sollen natürlich nicht zum Traumtänzer oder gar weltfremd werden, aber Sie müssen in sich einen Gegenpol zu den vielen negativen Strömungen unserer Zeit schaffen! Nur wenn wir an etwas glauben, an uns, an unsere Zukunft und auch an die anderen Menschen, können wir etwas verändern, nur dann haben wir den Mut dazu.
Es ist doch Ihre freie Entscheidung, worauf Sie Ihre Aufmerksamkeit lenken. Es ist doch Ihre Entscheidung, wie Sie sich in Ihrer Freizeit beschäftigen, was Sie dann sehen und hören. Es ist doch Ihre freie Entscheidung, was für Filme Sie sich anschauen, was für Musik Sie hören, was für Bilder Sie in Ihre Wohnung hängen. Und vor allem ist

es Ihre freie Entscheidung, ob Sie über Ihr Leben, Ihre Gesundheit und über Ihre Zukunft weiter so negativ denken. – Es liegt ganz an Ihnen!
Während der persönlichen Beratung innerhalb eines Seminars fragte mich ein Teilnehmer: „Woran kann es liegen, daß ich morgens immer so mutlos, so abgekämpft bin?"
Wir besprachen alle Voraussetzungen, die für einen erholsamen Schlaf notwendig sind, fanden aber keinen Fehler.
Zum Schluß stellte ich dem Teilnehmer die Frage: „Sagen Sie mir bitte, wodurch wachen Sie am Morgen auf?" „Durch einen Wecker", kam die Antwort. „Was für einen Wecker?" „Na, so einen Radiowecker, der einen morgens mit Musik weckt." „Und wie spät ist es, wenn das Radio angeht?" „Sieben Uhr, warum?" „Und was hören Sie dann?" „Moment mal…, Nachrichten!"
Sie können sich sicher schon denken, was ich Ihnen mit diesem Beispiel zeigen will. Es sind so viele kleine Dinge im Leben, über die Sie noch nie nachgedacht haben, die Sie gar nicht mehr bewußt hören oder sehen, und trotzdem werden Sie durch sie beeinflußt.
Es ist hier wie bei der Werbung; Sie achten nicht bewußt auf die Werbung und kaufen letztendlich trotzdem irgendwann das angepriesene Produkt!
Hören Sie Ihren „Lieblingssender" einmal aus der Sicht Ihres geistigen Ichs an. Überlegen Sie, ob er Sie positiv oder negativ beeinflußt, und schalten Sie ihn dann gegebenenfalls auch ab. Werden Sie frei von dem Zwang, sich immer nur mit dem Negativen zu beschäftigen! Es gibt so viel Schönes auf der Welt, so viel, was Sie noch machen können, so viel, was Sie noch erleben können!
Sigmund Freud beschreibt die Freiheit des einzelnen als den Weg zu sich selbst: „Voraussetzung zu echter Freiheit ist die Freiheit von den Zwängen der eigenen Natur.

Wer hier frei ist, wird sich auch von äußeren Zwängen nicht mehr so leicht einengen lassen, denn er hat gelernt, im selbstverantwortetem JA oder NEIN seinen eigenen Weg zu gehen und damit überhaupt erst er selbst zu sein."
Nehmen Sie sich ab heute die Freiheit heraus, positiv zu denken! Schalten Sie um!

PRAXIS

Aufmerksam sein!

Es gibt immer Sonnenschein, wir müssen nur unser Teil tun: Wir müssen uns in ihn bewegen.

Clara Louise Burnham

DIE INNERE WAAGE

Ihr „inneres Ich" reagiert wie eine Waage!

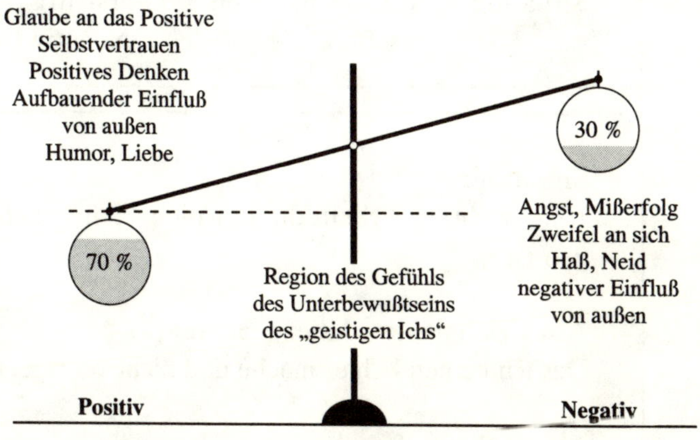

Jeder Gedanke, der Ihr Bewußtsein durchläuft, jede gute oder schlechte Information, die Sie aufnehmen, aber auch jedes gute oder schlechte Wort, das Sie sprechen, bildet an der Gestaltung Ihres „inneren Ichs" mit.

Ein dauernder Einfluß findet statt, und was Sie morgen sind und wie Sie morgen zwangsläufig handeln und empfinden werden, entscheidet nur die Summe der geistigen Einflüsse auf Ihr Inneres.

AUF WAS ACHTE ICH?

„Aufmerksamkeit ist das Mittel zur Beseelung der Gedanken“ Machen Sie sich bitte in der nächsten Zeit bewußt, worauf Sie immer wieder Ihre Aufmerksamkeit lenken. Denken Sie nach einem bestimmten Ereignis oder einer Situation darüber nach und schreiben Sie Ihre Gedanken in einigen Stichworten auf.

Beispiel:

Auf was achte ich?

Situation	Auf was habe ich geachtet?	Positiv (+)? Negativ (–)?

Situation:
Eine wichtige Arbeit, die mir nicht richtig gelungen ist.

Auf was habe ich dabei geachtet (+/–):
Das ich keinen Fehler mache und nicht versage. (–)

Situation	Auf was habe ich geachtet?	Positiv (+)? Negativ (–)?

Situation:
Eine wichtige Prüfung, bei der ich schon einmal versagt habe.

Auf was habe ich dabei geachtet (+/–):
Das es mir nicht wieder so geht, wie beim letzten Mal. (–)

Situation:
Einen schwierigen Kunden besucht – und den Auftrag bekommen.

Ich denke positiv!

Auf was habe ich dabei geachtet (+/–):
Ich war auf den Kunden gut vorbereitet und von unseren Produkten überzeugt. Ich hatte einfach ein gutes Gefühl. (+)

Situation:
Beim Clubturnier erfolgreich gewesen.

Auf was habe ich dabei geachtet (+/–):
Ich wußte, daß ich heute in optimaler Form bin. (+)

AUF WAS ACHTE ICH?

Situation	Auf was habe ich geachtet?	Positiv (+)? Negativ (–)?

Situation:

Auf was habe ich dabei geachtet (+/–):

Situation:

Auf was habe ich dabei geachtet (+/–):

Situation:

Auf was habe ich dabei geachtet (+/–):

Machen Sie nach einiger Zeit (1–2 Wochen) eine Analyse und fragen Sie sich:

„Habe ich mehr auf das Positive geachtet oder auf das Negative?"

V.

Die Welt in uns

Jeder von uns lebt innerhalb des Universums – des Gefängnisses – seines eigenen Gehirns. Von ihm gehen Millionen hochgebrechlicher sensorischer Nervenfasern aus, die in Gruppen auf einzigartige Weise dazu geschaffen sind, die energetischen Zustände der Welt um uns herum zu sammeln: Hitze, Licht, Kraft und chemische Zusammensetzungen. Das ist alles was wir jemals direkt davon wissen: Alles weitere ist logische Folgerung …
„Aus diesem komplexen Integral konstruiert jeder von uns auf einem höheren Niveau von Wahrnehmungserlebnissen seine eigene, sehr persönliche Sicht von innen heraus“.

KARL R. POPPER, JOHN C. ECCLES,
„Das Ich und sein Gehirn“

DIE KRAFT, DIE HILFT

In uns ruht eine Kraft, die uns befähigt, Leistungen zu vollbringen, die im ersten Augenblick unserem rationalen Verstand fast als unmöglich erscheinen und die uns helfen kann, unsere Wünsche und Ziele Wirklichkeit werden zu lassen. Wir alle haben schon von diesen Fähigkeiten gehört, aber die wenigsten von uns glauben, daß sie selbst zu solchen Leistungen in der Lage sind. „Es sind nur wenige, die das erreichen“, höre ich immer wieder. „Auserwählte, besondere Menschen, Genies oder Meister in einer bestimmten Disziplin“.

Wir alle, Sie und ich, wir haben diese Kräfte in uns. Aber sie sind nicht aktiv, sie ruhen und warten nur darauf, von uns geweckt zu werden.

Für die Skeptiker unter Ihnen kann der Ausspruch von Werner Heisenberg, dem großen Atomphysiker, ein Anstoß in die entscheidende Richtung sein. Er hat einmal gesagt:

„Wenn wirkliches Neuland betreten wird, kann es vorkommen, daß nicht nur neue Inhalte aufzunehmen sind, sondern daß auch die Struktur des Denkens sich ändern muß, wenn man das Neue verstehen will.“

Alle Fähigkeiten, die wir in uns haben, unser Wissen und all unsere rationalen Kenntnisse nützen gar nichts, wenn wir unsere inneren Kräfte nicht nutzen. Dabei sind es gerade diese Kräfte, die für uns und für unser Streben nach Erfolg und Lebensglück die größte Hilfe sein können.

Ja, in uns ruht eine Kraft, mit der wir fast alles im Leben erreichen. Durch die Kraft unserer Gedanken, durch unsere Vorstellungen und Überzeugungen, durch unseren Glauben können wir Ängste, Hemmungen und Probleme abbauen, unsere Selbstsicherheit und unsere Überzeugungskraft stärken, Fantasie und Kreativität steigern, Konzentrationsfähigkeit und Gedächtnis verbessern. Auch den Umgang mit unserem Partner, der Familie und den Mitmenschen können wir harmonisieren, genauso unsere Gesundheit erhalten und uns bei der Heilung von Krankheiten unterstützen.

DIE SCHALTZENTRALE IN UNS: DAS UNTERBEWUSSTSEIN

Das Bewußtsein des Menschen ist wohl eines der größten Geheimnisse und in seiner Gesamtheit noch lange nicht erkannt. Und genau so ist es mit all dem Wissen und den Fähigkeiten, die in jedem Menschen und damit auch in uns ruhen.

Nur ein kleiner Teil unseres gesamten Wissens, nur ein verschwindend kleiner Teil der in uns vorhandenen Fähigkeiten ist uns bekannt – und steht uns somit „oberbewußt" vor Augen. Das Meiste ruht tief in uns in unserem Unterbewußtsein.

In diesem Zusammenhang können wir unser Bewußtsein (Ober- und Unterbewußtsein) mit einem Eisberg vergleichen, bei dem ja auch der größte Teil unterhalb der „Wasseroberfläche" ruht.

Vieles, was unter der Schwelle des Oberbewußtseins ruht, ist für uns jederzeit abrufbar. Vieles ist aber „tiefer" gesunken, vieles ist uns nur als dumpfes Gefühl bewußt, und die meisten Informationen, bis hin zu den biologischen Informationen unseres Körpers, ruhen ganz tief in unserem Unterbewußtsein.

Viele Menschen meinen, sie könnten diese tief in ihnen ruhenden Kräfte nicht aktivieren, nicht mit ihnen arbeiten – obwohl jeder von uns diese Kräfte Tag für Tag nutzt und sich Nacht für Nacht damit auseinandersetzt.

Denken Sie einmal an das Autofahren. Erinnern Sie sich noch einmal an Ihre erste praktische Fahrstunde, an die vielen kleinen Probleme und Schwierigkeiten, die damals auftraten. „Damals" haben viele von uns an sich gezweifelt und waren der Meinung, nie richtig Auto fahren lernen zu können.

Und heute? Alles läuft völlig automatisch und perfekt ab.

Ja so perfekt, daß wir stundenlang fahren können, uns dabei entspannen und mit den Gedanken vielleicht ganz woanders sind. Der Steuerungsmechanismus, der „Fahrer in uns“, erledigt das für uns.

ZUFALL?

Sie kennen alle das Wort Zufall, und wir haben es schon bei dem Thema Wünsche genauer angesprochen. Aber viel zu oft verwenden wir dieses Wort für Dinge und Ereignisse, die wir nicht erklären können. Vor allem immer da, wo unser rationaler Verstand versagt.

Da denkt man zum Beispiel gerade an jemanden – und prompt ruft er an. Oder man erinnert sich eines alten Freundes, von dem man schon lange nichts mehr gehört hat, und schon liegt eine Nachricht von ihm im Briefkasten.

Da hofft man, jemanden einmal wieder zu treffen, und prompt „stolpert“ man an der nächsten Straßenecke über ihn.

Und wie oft passiert es doch, daß man während einer Unterhaltung spontan ausruft: „Genau daran habe ich in diesem Moment auch gedacht.“

„Die Welt ist wie ein gigantischer Haufen von Zufällen; wenn man etwas davon im eigenen Kopf widerspiegelt, absorbiert dieser etwas von dieser Zufälligkeit“, schreibt der Mathematiker Douglas R. Hofstadter in seinem Bestseller „Gödel, Escher, Bach“.

Siegmund Freud schrieb bereits 1914 eine Abhandlung mit dem Thema „Das Unheimliche“. Darin stellt Freud fest, daß seltsame Zufälligkeiten uns deshalb ein Gefühl des Unheimlichen vermitteln, weil es uns oft dabei so er-

scheint, als ob in solchen „Gleichzeitigkeiten“ unbewußte Ideen, Wünsche und Gedanken in der physikalischen Welt tatsächlich materialisiert würden.
Der Schweizer Psychoanalytiker Carl Gustav Jung machte sich über diese Ereignisse eingehende Gedanken. Und er sprach von einem kollektiven Unbewußten in uns, von einem Bereich, in dem alle Menschen, wie die Berge auf dieser Erde, miteinander verbunden sind und sich damit auch ihr Wissen teilen können. Bei der Erforschung der Träume seiner Patienten fand Jung gemeinsame Motive, wie sie auch in den Mythen und Märchen zahlreicher Völker vorkommen. Er nahm daraufhin an, daß es dieses „kollektive Unbewußte“ gibt, ein Reservoir von Ideen und Formen, an denen jeder Mensch teilhat, wenngleich nur in veränderten Bewußtseinszuständen, in Träumen, Wünschen und Visionen.
Jungs Ideen sind aber gar nicht so neu. Schon im 17. Jahrhundert formulierte der deutsche Philosoph Gottfried Wilhelm Leibniz ähnliche Ideen. Für ihn war jede Seele ein Spiegel des ganzen Universums. Ein Spiegel, in dem alle Ereignisse der Welt, die vergangenen, gegenwärtigen und zukünftigen ausgedrückt sind, wenn auch nur undeutlich und verworren.

LEISTUNGEN DES GEISTES

Denken Sie einmal an die vielen Berichte über „Wunderkinder“, über Kinder, die schon sehr früh in ihrem Leben große Leistungen vollbringen. Gordon Rattray Taylor spricht in seinem Buch „Die Geburt des Geistes“ einige dieser Fälle an. Er schreibt:
„William Hamilton, wahrscheinlich der Größe Wissen-

schaftler, den Irland hervorgebracht hatte, konnte lesen, als er gerade drei Jahre alt war. Er sprach Latein, Hebräisch und Griechisch mit fünf, Italienisch und Französisch mit sieben, stürzte sich mit neun auf Sanskrit, Arabisch, Chaldäisch und Syrisch, dann auf Hindustani, Malaysisch, Marathisch, Bengalisch und andere Sprachen und krönte diese Liste mit Chinesisch.

Noch erstaunlicher war Christian Hernacker, der bereits wenige Stunden nach seiner Geburt sprach und mit vierzehn Monaten die Bibel auswendig konnte. Mit zweieinhalb Jahren lernte er Geschichte, Geographie und Anatomie und konnte Deutsch, Latein und Französisch fließend lesen. Mit drei Jahren konnte er addieren, subtrahieren und multiplizieren. Er starb im Alter von vier Jahren und vier Monaten, vermutlich verbraucht." Soweit das Zitat aus dem Buch von Gordon Rattary Taylor.

Aber woher kommt dieses Wissen? Vielleicht ist wirklich mehr an der Idee eines kollektiven Unbewußten, eines „gemeinsamen Wissens" an dem Spiegel in uns, in dem sich das gesamte Wissen des Universums widerspiegelt.

Der englische Chemiker und Biologe Rupert Sheldrake spricht von sogenannten „morphogenetischen Feldern", die uns Menschen umgeben, die Ideen, Formen und Gedanken aufnehmen und die uns alle in irgendeiner Weise miteinander verbinden.

Damit läßt sich vielleicht auch das Erlebnis erklären, das eng miteinander verbundene Menschen immer wieder haben, wenn sie zu gleicher Zeit die gleichen Ideen haben oder dasselbe tun wollen.

Aber vielleicht auch die Phänomene wie Hellsehen und Telepathie, oder die Erinnerung an frühere Leben. Telepathie könnte dann als der unmittelbare Transfer von Erinnerungen aus jüngster Zeit erklärt werden, Hellsehen als die Fähigkeit mancher Menschen, sich auf die Erinne-

rungen entfernter Personen einzustimmen und auch auf die ferne Vergangenheit.
Das wäre dann auch eine Erklärung, daß Menschen Zugang zu Erinnerungen vergangener Leben haben, wie es aus hypnotischen Sitzungen immer wieder berichtet wird.

DIE GRENZE DES MENSCHEN

Allerdings sollten wir uns auch darüber bewußt sein, daß wir mit der Kraft unserer Gedanken, mit den vielen Fähigkeiten unseres Bewußtseins nicht nur uns selbst, sondern auch die anderen Menschen, ja, unsere ganze Umwelt positiv oder negativ beeinflussen können. Die Grenze des menschlichen Körpers liegt nicht in seiner Haut. Es gibt unzählige Einflüsse, die weit über diese Grenze hinaus gehen.
Dann hat man ein „ungutes“ Gefühl oder eine „Vorahnung“. Man „fühlt sich beobachtet“ und erfährt später, daß man tatsächlich beobachtet wurde. Man denkt an eine bestimmte Person und wird in diesem Moment von der Person angerufen.
Es gibt Menschen, die besitzen eine positive Ausstrahlung, und solche mit einer negativen Aura. Aber diese Ausstrahlung, die gibt es nicht nur bei uns Menschen, und sie hat auch nicht nur Einfluß auf uns. Das Gleiche gilt für den Umgang mit Tieren und Pflanzen. Manche Hobbygärtner haben eine fast magische Gabe, Pflanzen gedeihen zu lassen, während andere nur welke Blätter produzieren.
Sowjetische und amerikanische Forscher haben seit langem sehr empfindliche Geräte, mit denen sie die elektrischen Felder der Nervenbahnen messen können. Durch

die Fülle von Reizen, die ständig von außen auf den Körper einwirken oder vom Gehirn ausgelöst werden, entsteht ein ständig pulsierendes Feld um den menschlichen Körper herum. Dabei stellten die Wissenschaftler fest, daß das vom Gehirn ausgelöste Feld die größte Intensität hat und noch in weiter Entfernung vom Körper gemessen werden kann.

Das wissen wir heute, und dieses Feld, diese Aura, ist meßbar geworden. Aber es muß schon immer Menschen gegeben haben, die dieses Energiefeld des Körpers, die Aura, sehen konnten. Schon lange bevor Christen den

Die stärkste Ausstrahlung immer am Kopf:
Fresko des Hl. Franz von Assisi,
gemalt von Giotto di Bondone (1266–1337)

Heiligenschein erfanden, gab es Bilder, die heilige Männer mit einer leuchtenden Umrandung darstellen.
Ein spezielles Beobachtungsgerät für die elektromagnetischen Felder lebender Körper hat der Russe Semjon Kirlian konstruiert. Das Beobachtungsgerät erzeugt hochfrequente elektrische Felder, und jeder belebte Gegenstand, der in den Bereich dieser Hochfrequenzladungen gebracht wird, erhält eine Aura aus funkelnden Punkten und Blitzen. Ein frisch gepflücktes Blatt ist von einem inneren Leuchten erfüllt. Die Strahlen verlöschen, wenn das Blatt abstirbt.
Die Vorstellung eines unabhängigen Energiekörpers, der zudem so etwas wie Geist und Bewußtsein zu haben scheint, ist natürlich abenteuerlich. Andererseits: Die Frage, was Geist ist, was Leben ist, woher unsere Gedanken stammen, ist auf der gegenwärtigen Entwicklungsebene des Menschen nicht zu beantworten. Bezogen auf die Aura macht das vieles möglich! Wenn das Gehirn den Geist nicht hervorbringt, kann der Geist möglicherweise auch ohne Gehirn existieren. Denkbar ist dann nicht nur ein Energiefeld, das den Körper umgibt, sondern vielleicht sogar ein Geistkörper, der den physischen Tod des Menschen überleben kann.
Die weltberühmte Sterbeforscherin Elisabeth Kübler-Ross sagt, ohne zu zögern: „Das Jenseits, das Weiterleben nach dem Tode, ist für mich keine Sache des Glaubens mehr, sondern eine Sache des Wissens. Denn ich habe es erlebt."
Seit über zwei Jahrzehnten hat sie über 20.000 Fälle von klinisch Toten untersucht, die wieder ins Leben zurückgerufen werden konnten.
Ihr Fazit: „Den Tod gibt es überhaupt nicht ... Das Sterben ist identisch mit dem Heraustreten des Schmetterlings aus dem Kokon."

Daß sich die Seele vom Körper lösen kann, dies ist der Inhalt unzähliger Berichte. Professor Kübler-Ross berichtete von Unfallopfern, die vorübergehend klinisch tot waren. Sie konnten aber hinterher in allen Einzelheiten schildern, was sich ereignete, während sie „tot“ und außerhalb des Körpers waren. Es gab sogar Fälle, in denen z. B. der schon „Tote“ das Nummernschild des Unfallflüchtigen „sah“, später richtig benennen konnte, obwohl er dieses Schild vom Sitz im Auto aus zu keinem Augenblick hatte sehen können.

Professor Kübler-Ross meint dazu: „Wissenschaftlich kann man eben nicht erklären, daß jemand, der keine Hirnwellen mehr hat, doch das Nummernschild lesen konnte. Von uns Wissenschaftlern wird Demut verlangt. Wir müssen demütig akzeptieren, daß es viele Millionen Dinge gibt, die wir noch nicht verstehen können. Das heißt aber nicht, daß diese Dinge, nur weil wir sie noch nicht verstehen, gar nicht existieren und keine Realität sein dürfen.“

Wenn wir uns diese Erkenntnisse, die alle wissenschaftlich untermauert sind, bewußt machen, dann muß uns hier schon klar sein: Unser Bewußtsein endet nicht an der Grenze des rationalen Denkens, sondern geht weit darüber hinaus. Mit der Ausdehnung der Grenzen unseres Bewußtseins über die Grenzen unseres rationalen Denkens ergeben sich völlig neuartige, manchmal für unseren Verstand im Augenblick unbegreifliche Möglichkeiten.

DER ZWEIFELNDE VERSTAND

Die westlichen Wissenschaften haben viele sich aus dem rationalen Denken ergebenden Möglichkeiten erschlossen. Das rationale Denken ist die jüngste Entwicklung in der Evolution von Geist und Seele, befindet sich also gewissermaßen an der Oberfläche, an der Spitze des menschlichen Bewußtseins.

Der kritische, zweifelnde Verstand hat geniale Meisterleistungen vollbracht. Aber Fantasie und Intuition und die Kräfte unseres Glaubens können Dinge vollbringen, auch dort noch Lösungswege finden, wo das rationale Denken keinen Ausweg mehr sieht.

Um diese tiefen Schichten unseres Bewußtseins, unsere geheimnisvollen Erfolgskräfte in uns zu aktivieren, müssen wir aber ein großes Hindernis überwinden, unseren zweifelnden Verstand.

Viele Menschen sind dazu erzogen, ausschließlich auf ihren Verstand zu hören und nicht auf Gefühle oder auf Intuitionen. Das große Potential an Kräften und Energien, das in ihnen ruht, wird dadurch restlos blockiert. Viele Menschen, oft auch wir selbst, übersehen, daß es viele Wege des Erkennens gibt und daß unser rationaler Verstand nur ein Werkzeug von vielen ist. Ein Werkzeug, das für manche Ziele großartiges leistet, aber in anderen Fällen nichts taugt und völlig versagt.

Es ist ein entscheidender Irrtum, wenn wir annehmen, daß nur der Verstand die Wahrheit vertritt, und daß Dinge wie Intuition, Glaube, Vorstellung und Überzeugung minderwertiger und weniger richtig sind. In jedem Menschen, in jedem von uns liegen schicksalsgestaltende Kräfte, die sich uns aber nur dann offenbaren, wenn wir sie uns bewußt machen und vor allem, wenn wir von ihrer Realität überzeugt sind, wenn wir an sie glauben! Sie werden sofort blockiert, wenn unser Verstand sein Veto einlegt und gleich sagt, das sei alles Unsinn, das geht ja doch nicht!

WAS IST WIRKLICHKEIT?

Unser Verstand folgt dem, was ihm einprogrammiert wurde und was er erfahren und erlebt hat. Nehmen Sie zum Beispiel unsere „alltägliche" Fähigkeit zu sehen. Eine Fähigkeit, über die keiner groß redet, vor allem dann, wenn die Augen noch gut sind.

Jeder von uns kennt z. B. den Satz: „Ich sehe zum Fester hinaus".

Aber ist das wirklich möglich, können wir wirklich zu unseren Augen hinausschauen?

Tatsache ist, daß genau der umgekehrte Weg der Fall ist. Die Welt, so wie wir sie sehen, schaut zu uns hinein. Die Lichtwellen treffen von außen auf unsere Netzhaut, wer-

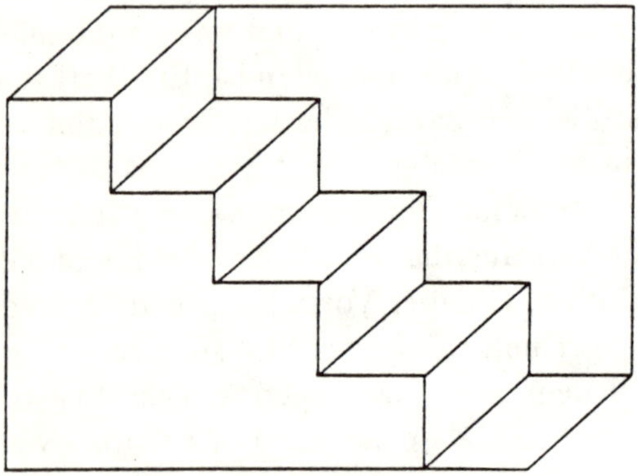

Die Schrödersche Treppe

den dort in Informationen umgewandelt und zum Sehzentrum in unserem Gehirn weitergeleitet. Dort, also nur in uns selbst, entsteht dann das Bild von unserer „scheinbaren Außenwelt".

Der Versuch mit einer Umkehrbrille kann das sehr schnell beweisen. Setzen Sie sich so eine Brille auf, steht mit einem Mal die ganze Welt auf dem Kopf. Wenn Sie diese Brille aber lange genug tragen, dann beginnt sich Ihr Wahrnehmungsvermögen umzustellen und mit einem Mal sehen Sie die Welt wieder ganz normal. Aber wehe, Sie setzen die Brille wieder ab, sofort steht erst einmal wieder alles auf dem Kopf.

Wir müssen uns an dieser Stelle tatsächlich einmal fragen, was wirklich wahr ist an unseren Wahrnehmungen und damit an unserer ganzen „realen" Welt. Wir spüren nichts von den Radiowellen und erkennen auch keine Röntgenstrahlen. Viele Tiere sind uns Menschen in ihrer Wahrnehmung weit überlegen, spüren und fühlen Dinge und Ereignisse, von denen wir die Auswirkungen erst in der Zukunft erleben.

Zwar haben es uns der Fortschritt der Technik und der Naturwissenschaften möglich gemacht, auch Eigenschaften der Umwelt festzustellen und zu messen, die außerhalb der Empfänglichkeit unserer Sinnesorgane liegen, aber oft akzeptieren wir auch diese Beweise nicht, oder sie passen einfach nicht in unser vorhandenes Denkschema.

TRAUM – ÜBERWINDUNG DER GRENZEN?

Eine dieser Grenzen, die unser Verstand vor uns aufbaut, überwinden wir im Traum. Hier verschwindet mit einem Mal die rationale Begrenzung, und wir sind in der Lage, Zeit und Raum zu verlassen.

Wir können zu jedem Ort der Welt reisen, diesen Planeten verlassen, die Vergangenheit mit all ihren Ereignissen erleben und in die Hülle jedes Wesens schlüpfen.

Ja, vielleicht können wir sogar in unsere eigene Zukunft reisen und Dinge vorerleben, die sich erst viel später ereignen. Viele von uns hatten schon sogenannte „Deja vue"- Erlebnisse. Sie kamen in Situationen und an Orte, wo sie noch nie in ihrem Leben waren, und trotzdem wußten sie, hier war ich schon einmal, das habe ich schon einmal erlebt. Vielleicht im Traum?

Tatsache ist, daß während des Traumes unser Gehirn mit höchster Leistung arbeitet, intensiver und stärker als den ganzen Tag über.

Sir Francis Crick, Nobelpreisträger und Entdecker der Erbstruktur DNS sagt zu der Bedeutung unserer Träume: „Träume haben eine ungeheuer wichtige Funktion. Das Gehirn wiederholt im Traum Erinnerungen an tatsächliche Erlebnisse, vermischt sie zugleich aber auch mit zutreffenden und wahnhaften Vorstellungen".

Träume haben eine ungeheuer wichtige Funktion in unserem Leben. Sie können uns bei der Lösung vieler Probleme eine große Hilfe sein. Manchen Menschen scheinen Informationen im weitesten Sinne aus einer Art „anderen Welt" zuzufliegen. Vielleicht stammt jede wirklich kreative Erkenntnis aus dieser Quelle, und wir wissen es nur nicht.

Der englische Dichter Samuel Coleridge soll sein Werk

„Kuba Khan“ im Schlaf verfaßt, es geträumt haben. Mozart sah seine besten musikalischen Einfälle unabhängig von seinem Willen wie Träume aufsteigen. August Kekoule machte seine revolutionäre Entdeckung der ringförmigen Benzolformel, während er eingeschlafen war und träumte.

Kann also unser Unterbewußtsein Informationen aufnehmen, die in Form von Energie oder wie auch immer „in der Luft“ liegen, die vielleicht aus einer Dimension stammen, in der Vergangenheit, Gegenwart und Zukunft zusammenfallen?

Die neuesten Erkenntnisse der Traumforschung haben gezeigt, daß wir unser Traumleben selbst in die Hand nehmen und damit die Kreativität der Träume für unser waches Leben nutzen können. Statt im Traum hilflos mitzuerleben, wie wir den Boden unter den Füßen verlieren, fallen, versinken oder verfolgt werden, können wir die Träume verändern.

Dr. Stephen La Berge von der Standford-Universität hat unter wissenschaftlichen Bedingungen bewiesen: „Es ist möglich, im eigenen Traum „wach zu sein“ und in das Geschehen einzugreifen. Der Mensch übernimmt dann die Regie über die Traumhandlung selbst und lenkt sie in eine andere Richtung. Wer es gelernt hat, bewußt zu träumen, behält diesen Zustand bei. Er weiß, daß er träumt und beginnt nach Lust und Laune zu schalten und zu walten.“

GEDANKEN SIND KRÄFTE!

„Erkenntnis verleiht Macht und erweitert unsere Handlungsspielräume. Sie darf deshalb nur zunehmen, wenn auch das Bewußtsein um die Verpflichtung zu mehr Verantwortung mitwächst."

Diese Worte hat Prof. Dr. Wolf Singer, Neurophysiologe und Direktor am Max-Planck-Institut für Hirnforschung in Frankfurt, ausgesprochen.

Für uns und unsere Arbeit an unserem Erfolg bedeutet das: Wir müssen uns immer wieder bewußt machen, daß Gedanken Kräfte sind und daß diese Kräfte in beide Richtungen unseres Lebens führen können. Sie können uns zu mehr Glück und Erfolg führen, genau so aber direkt in das Unglück, in den Tod!

Unser Ziel ist der Einsatz dieser inneren Kräfte, dieser ungeheuren Kraftreserven, die in uns ruhen. Diese Kräfte wollen wir vor unseren Lebenswagen spannen, um unsere Lebensziele leichter, besser und schneller zu erreichen.

Wir sprechen in der heutigen Zeit immer wieder vom „neuen Denken" und von der Kraft „unseres Denkens". Aber viele Menschen vergessen eben immer wieder, daß die Kraft unserer Gedanken nicht nur in positiver Richtung, zum Segen der Menschen und der Umwelt, arbeiten kann. Aus diesem Grund ist unsere Verantwortung gegenüber unseren Mitmenschen und unserer Umwelt so wichtig. Wir müssen uns ganz klar bewußt sein, welche Verantwortung wir übernehmen, wenn wir unsere inneren Kräfte einsetzen wollen.

Gehen Sie dazu Ihre Lebensplanung noch einmal durch und machen Sie sich Ihre verschiedenen Ziele bewußt. Fragen Sie sich, wem Ihre Ziele dienen, wem sie nutzen, wem sie einen Vorteil bringen. Fragen Sie sich auch, ob

Ihre Ziele nicht anderen Menschen oder der Umwelt einen Schaden zufügen können.

UNSER ZIEL: GANZHEITLICHER ERFOLG

Wir Europäer leben in einer Welt, die durch das rationale Denken, durch unseren Verstand geprägt ist. Unser Gehirn besteht aus zwei Gehirnhälften, zwei Hemisphären. Die linke Seite ist der mehr rationale Bereich, die rechte Seite ist der mehr kreative Bereich, der Bereich unseres Gefühls und unserer emotionalen Steuerung.
Es wäre ein ganz entscheidender Fehler, sich voll auf eine Seite zu konzentrieren, so wie wir es in der Vergangenheit viel zu oft getan haben. Wir haben unsere linke Seite, den rationalen Bereich, überbewertet.
Aber es wäre ein genauso großer Fehler, wenn wir uns jetzt nur auf die rechte Seite konzentrieren würden. Wir wollen unseren Verstand nicht ausschalten, sondern ihn im Gegenteil zur vollen Unterstützung auffordern. Aus diesem Grund haben wir uns ausführlich mit den verschiedenen Bereichen unseres Bewußtseins beschäftigt. Erst wenn wir von der fast grenzenlosen Leistungsfähigkeit in uns wirklich überzeugt sind, setzen wir diese Kräfte auch ein.

PRAXIS

Die inneren Kräfte aktivieren

Wir werden nur dann wirklich leistungsfähig, wenn wir versuchen, alles beständig einfacher und zugleich besser und vollkommener zu machen.

Oscar Schellbach

DIE INNEREN KRÄFTE TRAINIEREN

Ich glaube an meine Kraft!

Daß in uns eine Kraft ruht, die uns bei unserem Lebenserfolg entscheidend helfen kann, davon sind Sie inzwischen sicher überzeugt.

Aber im Gegensatz zur Aktivierung unserer körperlichen Kräfte fällt uns die Arbeit mit diesen geistigen Kräften erheblich schwerer.

Beim Training unserer Muskeln brauchen wir zum Beispiel nur ein Gewicht oft genug hochzuheben, und der anschließend folgende Muskelkater zeigt uns schon eine körperliche Reaktion – der Glaube an das Training fällt dadurch nicht sehr schwer.

Würden wir auch in unserem Gehirn einen Muskelkater bekommen, dann wäre auch dieses Training erheblich leichter. Aber so müssen wir einfach erst einmal glauben und versuchen.

Eine zusätzliche Schwierigkeit ergibt sich aus der Tatsache, daß unser Gehirn und seine Leistungsfähigkeit noch

nicht genau erforscht und erkannt sind, so liegen natürlich auch keine genauen Trainingskonzepte vor.
Der beste Weg ist der, daß Sie sich durch einfache Versuche an Ihre inneren Kräfte „herantasten". Dabei muß Ihr anfänglich zweifelnder Verstand immer wieder neu überzeugt werden.

DER PENDELVERSUCH

Dieser einfache Versuch kann jedem von uns sehr schnell beweisen, wie unsere Vorstellungen und unsere Gedanken unseren Körper beeinflussen und feinste Muskelbewegungen auslösen. Bewegungen, die wir bewußt nicht wahrnehmen, die unser Körper aber doch ausführt.

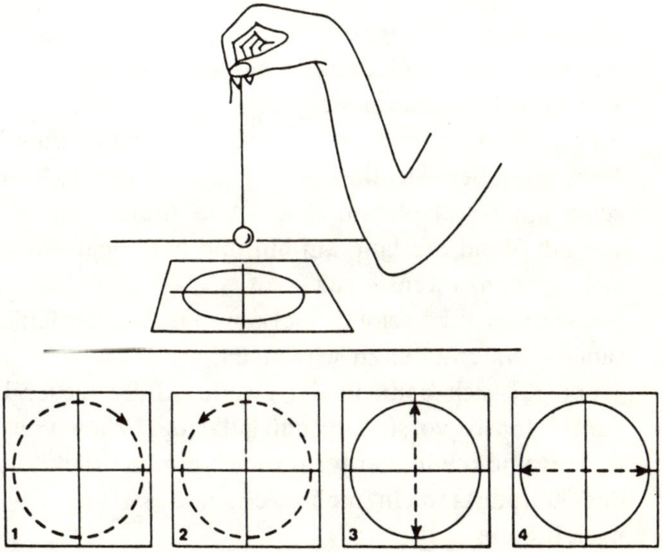

Das Pendel besteht aus einem etwa 15–20 cm langen Bindfaden und einem kleinen Ring, den Sie an das Ende des Fadens binden. Auf ein Blatt Papier zeichnen Sie einen großen Kreis, den Sie durch zwei Linien, eine vertikale und eine horizontale, in vier gleiche Teile aufteilen.
Das andere Ende des Fadens wird von Daumen und Zeigefinger gehalten, den Ellenbogen stützen Sie wie auf der Abbildung auf den Tisch. Ohne daß Sie jetzt bewußt nachhelfen, können Sie das Pendel in die verschiedensten Richtungen bewegen.
Konzentrieren Sie sich ganz intensiv auf eine bestimmte Bewegung des Pendels, sehen Sie in Gedanken, wie sich das Pendel bewegt – und es wird sich genau in die Richtung bewegen, die Sie sich vorgestellt haben.

VORSTELLUNGSTRAINING

Eine weitere Übung, die Ihnen sehr schnell zeigen kann, wie sehr unsere Gedanken auf unseren Körper einwirken, läuft folgendermaßen ab:
Stellen Sie sich im Abstand von ca. 15 cm an eine Wand. Jetzt schließen Sie Ihre Augen und stellen sich vor, Sie seien ein Schilfrohr an einem See. Stellen Sie sich vor, wie der Wind Sie langsam hin und her wiegt. Stellen Sie sich das ganz intensiv vor.
Sie werden sehr schnell merken, wie Sie tatsächlich anfangen, hin und her zu schwingen.
Wenn Sie sich dann in der zweiten Stufe dieser Übung ganz intensiv vorstellen, daß jetzt der Wind von vorne kommt und Sie immer weiter nach hinten drückt, dann ist der Zeitpunkt nicht mehr weit, und Sie fallen wirklich nach hinten.

Ich glaube an meine Kraft!

Ihr Körper führt das aus, was Sie ihm durch Ihre Gedanken vermitteln. Je intensiver und genauer der Befehl an Ihr „Inneres“ ist, um so genauer ist auch die Ausführung. Führen Sie diese Übungen bitte genau durch, denn für den Erfolg der nächsten Übung sind sie eine wichtige Voraussetzung.

MIT TRÄUMEN ARBEITEN

Unser Bewußtsein ist im wachen Zustand sehr begrenzt. So können wir beispielsweise nur Bruchteile unseres Lebens willentlich aus der Erinnerung hervorrufen. Im Unterbewußtsein ist aber alles gespeichert. Durch die gezielte Arbeit mit unseren Träumen können wir eine Verbindung zwischen den bewußten und unbewußten Teilen unseres „Inneren Ich“ herstellen.
Solche Wunschträume können verworrene Situationen erhellen, Anregungen geben, Probleme lösen und bei wichtigen Entscheidungen helfen.
Die Arbeit mit unseren Träumen ist ein weiterer Schritt zur Aktivierung der „geheimnisvollen Erfolgskraft in uns“, und das Schöne dabei: Die Erfolge stellen sich sehr schnell ein.

Wichtige Grundlagen, um mit Ihren Träumen zu arbeiten:

1. Denken Sie immer positiv über Ihre Träume!
   Warum soll Ihr Unterbewußtsein Ihnen Schaden zufügen wollen? Akzeptieren Sie das, was aus Ihrem Innern kommt, und freuen Sie sich über die zuverlässige Arbeit Ihres Unterbewußtseins.

2. Nehmen Sie sich fest vor, daß Sie sich Ihre Träume merken werden.
   Beschäftigen Sie sich kurz vor dem Einschlafen mit Ihren Träumen. Sagen Sie sich dazu mehrmals: „Ich werde heute Nacht wunderbar träumen. Morgen früh kann ich mich an meine Träume erinnern. Ganz sicher kann ich mich an meine Träume erinnern."
3. Legen Sie sich Schreibzeug oder ein Diktiergerät auf den Nachttisch.
   Wir erleben es immer wieder, daß wir am Morgen wach werden und noch wissen, was wir geträumt haben. Aber je wacher wir werden, um so tiefer versinkt unser Traum im Unterbewußtsein. Wenn wir uns aber ein Stichwort zu unserem Traum notiert haben, dann gelingt es uns mit einiger Übung, diesen Traum wieder an die Oberfläche unseres Bewußtseins zu holen.
4. Wenn Sie erwachen, denken Sie sofort über Ihre Träume nach, und notieren Sie sich einige Stichworte.
   Bitte machen Sie das auch dann, wenn Sie mitten in der Nacht aufwachen. Vielleicht sind Sie nur deshalb erwacht, weil Ihnen Ihr Unterbewußtsein etwas Wichtiges durch den Traum sagen wollte.

So träumen Sie bewußt:

1. Früh morgens, wenn Sie direkt aus einem Traum erwachen, gehen Sie den Traum in Gedanken mehrmals durch, bis Sie sich genau an ihn erinnern können. (Der frühe Morgen ist die Zeit, in der man am intensivsten träumt.)
2. Stellen Sie sich jetzt vor, Sie würden den gleichen Traum, an den Sie sich eben erinnert haben, nochmals träumen. Nur diesmal stellen Sie sich vor, daß Ihnen bewußt ist, daß Sie sich in einem Traum befinden.

3. Wiederholen Sie die beiden letzten Schritte so lange, bis Ihnen Ihre Absicht ganz deutlich wird oder Sie schon wieder darüber einschlafen.

So können Sie Träume herbeiwünschen:

1. Überlegen Sie sich:

   - Was wollen Sie von Ihrem Traum wissen?
   - Welche Gedanken und Gefühle haben Sie bei Ihrem speziellen Problem?
   - Wo liegt Ihrer Meinung nach die Ursache dafür?
   - Welche Lösungsmöglichkeiten sehen Sie?
   - Was würde sich ändern, wenn Sie Ihr Problem gelöst hätten?

2. Finden Sie jetzt einen kurzen, präzisen Fragesatz. Probieren Sie verschiedene Fragen aus, bis Sie diejenige gefunden haben, die nach Ihrer Meinung Ihr Problem am besten erfragt.

3. Legen Sie sich hin, das Schreibzeug neben dem Bett, und sprechen Sie Ihre Traumfrage immer wieder vor sich hin, bis Sie einschlafen. Lassen Sie sich durch keinerlei Gedanken davon abbringen.

4. Nach dem Aufwachen sollten Sie sofort einige Stichworte zu dem Traum aufschreiben, um später in Ruhe über seine Bedeutung nachdenken zu können.

VI.

Auch Sie können es

Im Grunde seines Herzens weiß jeder Mensch, daß er ein einzigartiges Wesen ist, daß es ihn nur einmal auf dieser Erde gibt. Und es gibt keinen außerordentlichen Zufall, der dazu führt, daß eine so wunderbare Einheit wie er oder sie ist, ein zweites Mal entsteht.

FRIEDRICH NIETZSCHE

DIE FÄHIGKEITEN RUHEN IN UNS

Zweifeln Sie nicht, daß auch in Ihnen geistige Fähigkeiten liegen, die Großes leisten können. Sie müssen diese Fähigkeiten nur erkennen und die Chancen, die sich daraus ergeben, für Ihr Leben nutzen. Sicher können nicht alle Menschen Gleiches auf geistigem Gebiet leisten, doch fast jeder hat irgendeine besondere Fähigkeit in sich ruhen, so auch Sie.

Die erste Voraussetzung, die Sie erfüllen müssen, um diese Fähigkeiten zu erkennen, ist Ihnen schon gut bekannt: Es ist der Glaube an sich und an die eigene Kraft!

Die zweite Voraussetzung ist Ihr Interesse, das Sie einer Sache entgegenbringen. Vielleicht haben Sie ein Talent zur Kunst oder zur Technik, oder, oder ... Was Sie innerlich sind, wo Ihre Begabungen und Talente liegen, das müssen Sie selbst feststellen. Aber von dem Augenblick, an dem Sie sich mit Ihren Wünschen und Zielen beschäftigen, beginnen Sie Ihre Fähigkeiten ganz deutlich zu erkennen.

Eine es mit dem Menschen gut meinende Schöpfung hat uns ja eine Apparatur zur Seite gestellt, deren Möglichkeiten und Fähigkeiten für uns unermeßlich sind, unser Gehirn mit all seinen Funktionen, die das ganze Leben im Körper und alle Abläufe steuern und beeinflussen.

Über den unzähligen Dingen, die durch das Gehirn gespeichert und gesteuert werden, steht ordnend und abwägend Ihr inneres Ich, das Ihr Denken und Erkennen entstehen läßt, so wie ein Maler aus den Farben seiner Palette ein Bild.

So wie aber der Maler mit den gleichen Farben einen wunderbaren Sonnenaufgang, aber auch ein dunkles Bild des Todes malen kann, so können Sie durch Ihr inneres Ich in die Höhe, aber auch in die Tiefe gezogen werden.

Erinnern Sie sich hier noch einmal an meinen Vergleich mit der Waage in uns. Je nachdem, welche Seite der Waage sinkt, wird Ihr Leben in eine erfolgreiche und harmonische Zukunft – oder nach unten geführt, wo nichts Lebenswertes mehr ist.

Das alles müssen Sie wissen, denn je klarer Sie sich selbst und den Sinn Ihres Lebens erkennen, um so sicherer können Sie Ihrem Innern bei der Aktivierung seiner positiven Fähigkeiten helfen. Daß auch Ihr inneres Ich nach Licht und Leben, nach Entfaltung seiner Fähigkeiten strebt, das sehen Sie an Ihrem Wunsch, im Leben nicht stehen zu bleiben, sondern sich immer höher zu entwickeln.

KONZENTRATION: SCHLÜSSEL ZU ALLEN FÄHIGKEITEN

Was Ihr inneres Ich braucht, sind Informationen, Wissen, Eindrücke der Außenwelt, die Sie in Ihr Gedächtnis aufnehmen. Je größer und umfassender Ihr Wissen ist, umso vollendeter können sich Ihre Fähigkeiten entfalten. Im Mittelpunkt steht hierbei jetzt Ihre Konzentrationsfähigkeit.

Was Konzentration ist, wissen Sie. Es ist die Lenkung der Aufmerksamkeit auf einen Vorgang, einen Gedanken, eine Idee. Vergleichen Sie Ihre Konzentrationfähigkeit einmal mit dem verstellbaren Reflektor einer Taschenlampe. Je mehr Sie den Lichtstrahl auf einen Punkt bündeln, um so deutlicher erkennen Sie den Gegenstand, der dann in dem Lichtstrahl erscheint.

Genauso ist es bei der Fähigkeit der geistigen Konzentration. Bei der Tätigkeit Ihres Gehirns bedeutet Konzentration die Sammlung aller geistigen Kräfte – oder zumindestens der, die zur Verfügung stehen – auf ein ganz bestimmtes Konzentrationsziel. Alle übrigen Bereiche bewußter Geistestätigkeit sind während dieser Konzentration teilweise außer Tätigkeit.

Denken Sie zum Beispiel an einen Menschen, der sich stark auf eine Sache konzentriert. Er vergißt alles um sich herum, er hört und sieht nichts, ja, es kann sogar passieren, daß er nichts mehr empfindet.

Ein Yogi, der sich mit einer spitzen Nadel die Haut durchbohrt und dabei kein Schmerzempfinden zeigt, beherrscht zum Beispiel diese Fähigkeit.

UNBEWUSSTE KONZENTRATION

Ein Kind, das beim Spielen ist, hat seine ganze Aufmerksamkeit auf das Spielzeug gerichtet. Es hört nicht, wenn Sie zur Tür hereinkommen und auf Ihre Frage antwortet es nicht. Es ist unbewußt konzentriert.

Unbewußte Konzentration ist die stärkste Art der Konzentration – und auch die wirkungsvollste. Voraussetzung dafür ist an erste Stelle Ihr Interesse und Ihre Begeisterung. Sie sehen hier wieder, wie wichtig Ihre Wünsche und Ziele sind. Wenn Sie von einem Wunsch, von einer Idee begeistert sind, dann sind Sie automatisch unbewußt konzentriert.
Die gleiche Wirkung tritt aber auch auf, wenn Sie zum Beispiel Angst vor irgendetwas haben. Auch hier sind Sie wieder unbewußt voll auf diese Sache fixiert.

Wenn ich bei unserer gemeinsamen Arbeit das positive Denken so in den Vordergrund stelle, dann ist diese unbewußte Konzentration ein Grund dafür. Je mehr Sie sich also mit Ihrem Ziel beschäftigen, je deutlicher Sie Ihr Ziel vor sich sehen, um so mehr leiten Wünsche, Interessen und Neigungen Ihre Konzentration, umso eher können sie sich unbewußt konzentrieren, umso schneller und besser werden Sie Ihr Ziel erreichen.

BEWUSSTE KONZENTRATION

Die bewußte Konzentration ist der Bereich, der oft viel schwerer fällt. Auch hier ist eine wesentliche Ursache unser Interesse an einer Sache und damit verbunden die Wünsche und Ziele, die wir uns im unserem Leben einmal erfüllen wollen.

Ist dieses Interesse nicht da oder nicht genügend da, dann gehört zur bewußten Konzentration viel Kraft – vor allem Nervenkraft. Ist aber jetzt unsere innere Batterie, unsere Nervenkraft schwach, verstehen wir es nicht, Hemmungen und Hindernisse zu beseitigen, dann ist bewußte Konzentration für uns fast unmöglich.

Verstehen Sie es aber, durch Ihre Zielsetzung sich über längere Zeit auf eine Sache bewußt zu konzentrieren, so fällt Ihnen diese Konzentration mit der Zeit genauso leicht wie die unbewußte Art.

Denken Sie nur an das Autofahren, fällt Ihnen das schwer? Sicher nicht! Erinnern Sie sich aber einmal an Ihre erste Fahrstunde, wie schwer war es da! Alles mußte durch bewußte Konzentration geleistet werden.

Jetzt geht es leicht, Sie sind unbewußt voll konzentriert. Würden Sie weiter bewußt fahren, sich auf jeden Handgriff, jeden Vorgang konzentrieren, Sie würden nach 50 km schweißgebadet aus dem Auto steigen!

MIT KONZENTRIERTER ENERGIE ZUM ZIEL

Wir wissen heute, daß der Mensch viel mehr Können in sich hat, als man ihm und er sich selbst im allgemeinen zutraut! Das wissen nicht nur wir, sondern das bestätigt heute die gesamte Wissenschaft.

Denken Sie an die Leistungen, die heute viele Hobbysportler vollbringen, oder an die Leistungen, zu denen Menschen in der Lage sind, wenn sie von einer Aufgabe begeistert sind. Und genau so geht es auch Ihnen! Zweifeln Sie also nicht mehr an Ihrer geistigen Leistungsfähigkeit, sondern sagen Sie sich immer wieder: „Ich kann wirklich viel mehr, als ich mir bisher zugetraut habe!"

Denken Sie hier noch einmal an den Satz von Henry Ford: „Eine Sache entwickelt sich von selbst, wenn man dauernd an sie denkt."

Für uns bedeutet das nichts anderes, als daß wir uns zwangsläufig auf das Ziel hinbewegen, mit dem wir uns gedanklich am meisten beschäftigen. Wie können wir aber erfolgreich planen und handeln, wenn unser ganzes „Ich" voll ist von negativen, ängstlichen und deprimierenden Gedanken?

Wir können niemals im Einklang mit unserem Ziel stehen, wenn unsere Gedanken und Energien nicht ebenso bewußt wie unbewußt in die gleiche Richtung fließen, zu unserem ganz persönlichen Ziel.

Unser gesamtes Leistungspotential wird sofort verringert, wenn wir unsere Gedanken und Gefühle auf das lenken, was wir befürchten oder vor dem wir Angst haben.

Negative Gedanken, Gefühle oder Stimmungen beeinflussen aber nicht nur unser Denk-, Wahrnehmungs- und Erinnerungsvermögen, sondern sie entziehen uns in einem hohen Maße körperliche Energie! Wir werden mü-

de, antriebslos und depressiv. Unser Ziel ist in weite Ferne gerückt.
Wie wir die Kraft der Sonne mit einem Vergrößerungsglas so stark bündeln können, daß damit ein Feuer entzündet werden kann, so können wir durch Begeisterung unsere innere Energie so bündeln, daß in uns ein Feuer zu brennen beginnt.

PRAXIS

Durch Konzentration Ziele erreichen

Konzentration ist die einzige Klugheit im Leben. Zersplitterung das einzige Übel.

RALPH WALDO EMERSON

KONZENTRATION

„Was interessiert wird registriert" – Dieser Satz ist für jede Konzentrationsleistung von entscheidender Bedeutung. Nur wenn wir an einer Sache Interesse haben, gelingt uns auf Dauer die Konzentration.
Bitte beachten Sie diesen Satz bei allen Menschen, mit denen Sie umgehen.

Ich kann mich immer besser konzentrieren!

UNBEWUSSTE KONZENTRATION

„Wünsche , Interessen, Neigungen, Ängste und Gewohnheiten lenken unbewußt unsere Aufmerksamkeit."
Unbewußte Konzentration ist eine Fähigkeit, die vollkommen automatisch abläuft und vor allem keinen Krafteinsatz von uns verlangt.
Unser Ziel sollte es sein, bei allen Dingen, die wir tun, eine unbewußte Konzentration zu erreichen. Der Weg dazu

führt über unsere Wünsche, über unsere Interessen und Neigungen.
Sie erkennen hier wieder die große Bedeutung unserer Wunscharbeit und auch, warum ich dieses Thema so weit in den Vordergrund gestellt habe.
Aber Sie erkennen auch, warum ich immer wieder von positivem Denken rede und Sie bitte, Ihre Aufmerksamkeit auf die schönen Seiten des Lebens zu richten.

BEWUSSTE KONZENTRATION

„Bewußte Konzentration ist abhängig von Interesse, Übung und Nervenkraft."
Auch bei der bewußten Konzentration steht das Ziel, das Konzentrationsziel im Vordergrund. Je klarer wir unser Ziel vor uns sehen, um so leichter fällt jede Arbeit.

Erfolg:

Konzentration der inneren Energie auf → Ziel
(Vergleich: starker Wille, freier Wille)

Mißerfolg:

Konzentration der inneren Energie auf → Fehler, Ängste
→ Hemmungen, Zweifel
→ Gegner, Konkurrenz …
(Vergleich: schwacher Wille, gehemmter Wille)

Und Nervenkraft – da kennen Sie jetzt schon einige wichtige Hilfen, um diese Kräfte weiter erfolgreich zu stärken. Der erfolgreiche Mensch konzentriert diese Energie auf das Ziel, das er erreichen will, der erfolglose verbraucht diese Kraft an falscher Stelle!

Hilfen:

Welche Faktoren können uns an einer Konzentrationsleistung hindern, und was können wir dagegen tun?

Störende Gedanken:

- ☐ Nicht mit Gewalt versuchen, die Gedanken zu verdrängen, sondern die Gedanken vorbeiziehen lassen und kurz darüber nachdenken.
- ☐ Sorgfältiger und genauer arbeiten.
- ☐ Konzentrations- und Entspannungsübungen.

Überforderung:

- ☐ Pausen, Entspannung und Erholung einlegen.
- ☐ Die Arbeit neu und besser einteilen
- ☐ Mit der Zeit besser haushalten.
- ☐ Die eigene Hochleistungsphasen besser ausnutzen.
- ☐ Nur auf das Wesentliche konzentrieren, das Nebensächliche überhören.

Zeitdruck:

- ☐ Bewußt ganz ordentlich arbeiten.
- ☐ Wichtige Arbeiten zuerst erledigen.
- ☐ Mit dem Leichtesten anfangen.

- ☐ Sich in Zukunft nicht mehr soviel vornehmen.
- ☐ Pausen einplanen.
- ☐ Zuerst alles aufschreiben (systematisch planen).

Zusätzliche Unterstützung der Konzentration:

Vorher:

- ☐ Positive Motivation (Frage: Warum, Ziele ...)
- ☐ Muskelentspannung
- ☐ Atmung
- ☐ Geistige (mentale) Entspannung
- ☐ Aktivierung (Atmung, Muskelentspannung)

Außerdem:

- ☐ Je länger die Konzentration, desto länger auch die Entspannungspausen
- ☐ Vorher etwas Schönes machen (z. B. Musik, Natur, Hobbys, Ziele ...)
- ☐ Öfter kleine Pausen einlegen (Kurze Entspannung ...)
- ☐ Nicht ähnliche Dinge hintereinander machen, sondern abwechseln
- ☐ Körperentspannung mit Hineinfühlen in unseren Körper
- ☐ Alle Arten von Brettspielen wie Schach ...
- ☐ Rückerinnerung an Situationen des letzten Tages oder an bestimmte Dinge
  Zum Beispiel beim Spaziergang:
  Was waren da für Geschäfte, Menschen, Autos ...
- ☐ Konzentration auf bestimmte Körperaktivitäten beim Sport (z. B. beim Laufen auf Muskelspannungen, Schritte, Atmung, ...)

VII.

Wie Gedanken wirken

Gedanken, die unser Gefühl beherrschen, lenken und leiten uns, lassen uns siegen oder untergehen.

OSCAR SCHELLBACH

DIE KRAFT DER GEDANKEN

In den vorangegangenen Kapiteln haben wir uns schon mit der Bedeutung des positiven Denkens und der Kraft unserer Gedanken beschäftigt.
Gedanken haben wirklich eine ungeheure Macht – sie können uns zu mehr Glück, Lebensfreude und Erfolg verhelfen, aber sie können uns auch erfolglos, krank und unglücklich machen. Das ist eine Tatsache, vor der wir niemals unsere Augen verschließen dürfen.
Das Hauptproblem, das wir alle bei dem sinnvollen und zielgerichteten Einsatz dieser Kräfte haben, das ist wieder unser vielgerühmter Verstand. Unser Verstand, der oft nur das glaubt, was er fühlen, riechen, schmecken oder messen kann.
Erinnern Sie sich in diesem Zusammenhang noch einmal an meine Einleitung zu diesem Buch. Hier habe ich folgendes geschrieben:

„Bei meiner Arbeit in den verschiedensten Seminaren, bei Firmenschulungen und auch bei Vorträgen mit vielen tausenden von Zuhörern habe ich aber immer wieder erkannt, daß zwischen der Theorie einer erfolgreichen Lebensgestaltung und der wirklichen Umsetzung eine große Schwierigkeit besteht. Sind die theoretischen Grundlagen nicht wirklich umfassend und einleuchtend, dann wenden die Menschen dieses Wissen einfach nicht an! Sie sind eben nicht überzeugt!
Wird aber nur praktisches Wissen vermittelt, wie man zum Beispiel ein bestimmtes Problem ausschalten kann, dann kommt meistens der zweifelnde Verstand – und es passiert auch nichts!“
Genauso ist die Situation, wenn es jetzt um den bewußten, sinnvollen und zielgerichteten Einsatz unserer Gedankenkräfte geht. Wir müssen zuerst unseren zweifelnden Verstand überzeugen.
Daß unser Verstand überzeugt sein will, das ist natürlich nicht schlecht, in vielen Bereichen unseres täglichen Lebens sogar ungeheuer wertvoll, ja oft sogar lebensnotwendig, denn sonst würden wir ja einfach alles – ob gut oder schlecht für uns – glauben. Aber manchmal kann das auch für uns und unseren Erfolg hinderlich sein.

Also überzeugen wir uns jetzt von diesen Kräften und wie Gedanken wirken können. Die Hilfen dazu sind Beispiele aus der Medizin, Psychologie und aus dem Hochleistungssport. Sie werden dabei viele Dinge wiedererkennen, die wir schon in unserer vergangenen gemeinsamen Arbeit angesprochen haben.

„Verblüffendes über die Macht des Gehirns brachte ein Versuch des Psychologen David McClevland zutage. Der Wissenschaftler zeigte Studenten einen Film über die

Nonne „Mutter Theresa“, die Kranke und Sterbende in Kalkutta betreute. Schlagartig verbesserte sich bei den Zuschauern die Immunfunktion – gemessen als steiler Anstieg der Immunglobulin A-Werte. Das bloße Betrachten einer selbstlosen Handlung scheint also schon Auswirkungen auf das Gesundheitssystem zu haben.
Das Erstaunliche dabei: Der Immuneffekt trat sogar bei solchen Versuchspersonen auf, die Mutter Teresa und ihre Arbeit ablehnten.

McClevland: „Die Ergebnisse deuten darauf hin, daß Mutter Theresa auch bei solchen, die sie bewußt ablehnten, irgendeinen Teil im Gehirn erreicht hat. Sie reagierten also trotz der rationalen Ablehnung ihrer Person auf die Kraft der Fürsorge. Dies eröffnet eine neue Gehirn-Dimension.“

„Dr. Nicklaus Hall von der George-Washington Universität hat dazu einen einfachen Versuch durchgeführt:
Er riet zehn verschiedenen Tumorpatienten, sie sollten sich vorstellen, daß kleine Monster (die weißen Blutkörperchen) die Krebszellen in ihrem Körper auffräßen.
Obwohl zwei der Kranken letztlich an ihrem Leiden starben, machte Dr. Hall eine erstaunliche Entdeckung: Alle zehn Patienten zeigten einen signifikanten Anstieg jener natürlichen Killerzellen, die gegen Krebs mobil machen.
Den Versuchspersonen wurde dazu unter Hypnose befohlen, sich ihre weißen Blutzellen als mächtige Haifische vorzustellen, die in ihrem Blutstrom schwimmen und die schwachen umherirrenden Krankheitskeime angreifen. Die Probanden wurden angewiesen, diese Visualisierung einzuüben. Ergebnis: Die Personen wiesen eine erhöhte Zahl von weißen Blutkörperchen auf, und dies bei minimaler geistiger Anstrengung.

Ein eindrucksvolles Beispiel für die Kraft der Gedanken und den Einsatz von Vorstellungsübungen bietet die Arbeit von Carl O. Simonton und seiner Frau Stephanie Matthews-Simonton.
Ende der siebziger Jahre entwickelten die beiden Amerikaner ein ungewöhnliches Behandlungskonzept gegen Krebs. Carl Simonton, der viele Jahre als Arzt für Strahlentherapie gearbeitet hatte und die große Hilflosigkeit der Medizin gegen viele Formen des Krebses aus eigener Anschauung kannte, und Stephanie, die als Psychologin mit den seelischen Hintergründen vieler Krankheiten vertraut war, gingen von einer sehr einfachen Theorie aus:

„Wenn die Seele eines Menschen dazu beitragen kann, daß der Körper krank wird, warum sollte sie dann nicht auch an der Heilung beteiligt werden können?“

Auf der Basis dieser Theorie erarbeiteten die Simontons ein Therapie-Programm, dessen Herzstück Visualisierungsübungen sind. Diese Übungen beginnen damit, daß sich der Erkrankte zunächst einmal auf sein Inneres konzentriert und sich, soweit es ihm möglich ist, entspannt.

Als nächsten Schritt stellen sie sich ihre Krebsgeschwulst plastisch vor, als das, was sie ist: ein Verbund von schwachen, ungeordneten Zellen. Dieser Verbund wird nun, in der Vorstellung der Kranken, von den weißen Blutkörperchen angegriffen und vernichtet. Die weißen Blutkörperchen treten in der Fantasie der Kranken zum Beispiel in der Gestalt von Rittern in schimmernden Rüstungen auf. Diese Visualisierung wird von dem Patienten mehrmals am Tag innerlich durchgespielt, um so die Selbstheilungskräfte des Körpers zu mobilisieren.

Chemo- und Strahlentherapie sehen die Simontons nicht als unvereinbar mit dieser Psychotherapie an. Sie sollen sich vielmehr gegenseitig ergänzen.
Die Erfolge dieser Behandlungsweise haben den Simontons Recht gegeben. In einer Statistik berichten sie, daß bei fast 70 Prozent der von ihnen behandelten Patienten entweder alle Krankheitsanzeichen verschwanden (22,2 Prozent), Tumore sich zurückbildeten (19,1 Prozent) oder sich der Zustand stabilisierte und nicht weiter verschlechterte (27,1 Prozent).
Außerdem fühlten sich viele der Patienten auch seelisch besser, weil sie nicht nur passiv Behandlung annehmen mußten, sondern aktiv selbst etwas für sich tun konnten. Das erwies sich als gutes Mittel gegen Angst und Depressionen.

Auf welche Weise Visualisierungen ihre Wirkung entfalten, ist noch weitgehend ungeklärt. Man weiß aber, daß sowohl tatsächliche Wahrnehmungen als auch Visualisierungen von den gleichen Hirnstrukturen verarbeitet und in körperliche Reaktionen übersetzt werden.
Ob wir nun tatsächlich auf einer Wiese liegen und uns entspannen oder uns dies nur vorstellen, scheint bei guter Vorstellungskraft und mit einiger Übung ähnliche körperliche Auswirkungen zu haben. Außerdem hat man herausgefunden, daß Visualisierungen auf den Organismus eine ähnliche Wirkung haben können wie körperliche Aktivität.
Solche mentalen Techniken werden aber nicht nur angewendet, um direkten Einfluß auf Krankheitsprozesse zu nehmen. Sie können auch helfen, die unbewußten Einstellungen eines Menschen zu seinem Leben, seinem Körper und den Reaktionen bestimmter Körperteile oder Organe besser zu verstehen.

Sie sehen an diesen Beispielen aus der Medizin sehr eindrucksvoll, wie weit unsere Gedanken den ganzen Körper und alle in ihm ablaufenden Vorgänge beeinflussen können. Für uns kann diese Erkenntnis von großem Nutzen sein, vor allem dann, wenn es darum geht, möglichst gesund und leistungsfähig zu bleiben, oder wenn wir Krankheiten überwinden und meistern wollen.

SPITZENLEISTUNGEN VOLLBRINGEN

Aber nicht nur in der Medizin sind solche Techniken bekannt, sondern genauso im Hochleistungssport. Wir können heute zu Recht sagen, daß im Sport keine Spitzenleistung ohne systematisches Gedankentraining möglich ist. Jack Niclaus, einer der erfolgreichsten Golfspieler aller Zeiten, beschreibt den Ablauf dieser Technik in seinem Buch „Golf my way“ so:
„Zuerst sehe ich den Ball dort, wo ich ihn hinbefördern möchte. Da liegt er, niedlich und weiß, hoch oben im leuchtend grünen Gras. Dann wechselt in meiner Vorstellung die Szene schnell und ich „sehe“, wie der Ball dorthin fliegt. Ich sehe seine Bahn, seine Kurve, seine Form und sogar sein Verhalten beim Landen. Dann wird abgeblendet, und die nächste Szene zeigt mir, wie ich ausholen muß, um die vorhergehenden Bilder in die Wirklichkeit umzusetzen.“
Jack Niclaus behauptet, daß er seine Erfolge beim Golfspiel einzig und allein seinen Konzentrations- und Vorstellungsübungen zu verdanken habe.
In seinem Buch schreibt er, daß für ihn die Landung besonderer Treffer zu fünfzig Prozent aus dem geistigen

Bild und zu vierzig Prozent aus der Vorbereitung besteht. Der eigentliche Schlag mache für ihn nur zehn Prozent seines Golfspiels aus.
Zu dem Thema „Angst vor der Niederlage“ schreibt er: „Wer mit der Angst zu verlieren in einen Wettkampf geht, nimmt die Niederlage im Geiste bereits vorweg. Je mehr sich der Wille dagegen stemmt, um so schlimmer wird nur alles.“

Lee Evans, der Olympiasieger im 400-m-Lauf, korrigierte durch solche Vorstellungsübungen Fehler in seinem Laufstil. Während er für die Olympiade von 1968 trainierte, visualisierte (das heißt, in Gedanken sehen) er jeden Schritt der 400-m-Rennstrecke so lange, bis er „jeden einzelnen Schritt, den er machen würde“, vor sich sah. Da er diese Übung immer und immer wieder durchführte, sagte er, verbesserte er seinen Stil und sein Tempo.

In den 20er Jahren forderte der damals unbekannte Schachspieler Aljechin den unbestrittenen Schachweltmeister Capablanca heraus. Niemand in der Schach-Welt gab Aljechin eine Chance in dem Kampf.

Aljechin trainierte mehrere Wochen vor dem Kampf imaginativ. Er stellte sich immer wieder vor, wie er Capablanca gegenüber sitze und malte sich in Gedanken alle Züge aus. Er stellte sich alle möglichen Abläufe und seine eigene körperliche und geistige Verfassung dabei immer wieder vor, so lange, bis er gefühlsmäßig von der Vorstellung durchdrungen war, den Kampf zu gewinnen. Er ging dann mit größter innerer Ruhe und Selbstvertrauen in das Turnier und wurde Weltmeister.

Der Cheftrainer der österreichischen Skispringer-National-Mannschaft und frühere Weltmeister, Weltrekordhalter und Olympisieger (1980 in Lake Placid) Toni Innauer, hat zur Vorbereitung auf die Saison 1990/1991 u. a. folgende Maßnahmen eingesetzt:

- Mentales Training
- Entspannungstraining
- Sinnvolle, bewußte Ernährung.

Außerdem begann Toni Innauer mit seiner Mannschaft Sportarten zu betreiben, die außerhalb des eigentlichen Trainings lagen. Zu diesen Sportarten gehörten:

- Fahrradfahren auf lange Distanzen (100 km pro Tag)
- Mountain Bike in schwierigem Gelände
- Bergsteigen in Schwierigkeitsgraden 6–7

In diesen Maßnahmen sieht Toni Innauer eine Stärkung des mentalen Bereichs. Außerdem fördern diese Sportarten den Teamgeist, stärken die innere Kraft, bewirken Streß- und Frustrationsabbau.
Die Mannschaft von Toni Innauer ist in der Saison 90/91 zu der erfolgreichsten Mannschaft der Welt aufgestiegen und hat alle entscheidenden Wettkämpfe gewonnen.
Im Hochleistungssport kennt man den sogenannten „Carpenter-Effekt". Diese Technik wird speziell bei Verletzungen eingesetzt mit dem Ziel, die Verletzung schneller zu überwinden.
Der Carpenter-Effekt besagt nichts anderes, als daß ein systematisch durchgeführtes Vorstellungstraining, also das geistige Durchspielen eines Bewegungsablaufes oder auch eines ganzen Wettkampfes, die gleichen nervalen und muskulären Prozesse aktiviert wie bei dem Training selbst.

„Die Trainingswirkung der Bewegungsvorstellung oder Bewegungsbetrachtung wird dabei vorrangig darauf zurückgeführt, daß während der Bewegungsvorstellung oder -betrachtung die gleichen nervalen und muskulären Prozesse aktiviert werden wie bei der Bewegungsausführung selbst, und daß es dadurch zu einer Stabilisierung des neuromuskulären Funktionssystem kommt." (Schellenberger, Günz 1980, 675)

KRITISCHE SITUATIONEN MEISTERN

Dr. Hannes Lindemann, der in den fünfziger Jahren mit seiner spektakulären Fahrt im Faltboot über den Ozean großes Aufsehen erregte, arbeitete mit der gleichen Technik.
Immer wieder stellte er sich alle möglichen Situationen vor und fragte sein Unterbewußtsein, ob die Fahrt gelingt. Er machte das solange, bis er aus seinem Innern die klare Antwort „Ja" bekam. Zusätzlich stärkte Dr. Lindemann durch Vorstellungsübungen und Autogenes Training seine körperliche und geistige Leistungsfähigkeit. Und der Erfolg sprach für ihn. Nach 72 Tagen in einem sechs Meter langen Faltboot kam er wohlbehalten auf der anderen Seite des Ozeans an.

ÜBERLEBEN

Es ist ungeheur, was durch die Kräfte positiver Gedanken möglich ist. Aber diese Kräfte können uns nicht nur bei der erfolgreichen Gestaltung unseres Lebens helfen, sie

sind in einem hohen Maße zum Überleben von uns Menschen unbedingt notwendig. Der bekannte New Yorker Psychiater Prof. Artur Shapiro hat die Bedeutung positiver Gedanken und des Glaubens für die Entwicklung der Menschen so erklärt:
„Es ist ein Instinkt, ein eingebautes Verhalten, das sich im Laufe der Evolution entwickelt hat. Die Menschen, die die Fähigkeit hatten, optimistisch zu denken und sich an Symbolen zu orientieren, entwickelten Religionen, Erklärungen.
Sie setzten Priester und Medizinmänner ein, die ihnen in jeder Situation Halt geben konnten. Kurz gesagt: Sie glaubten! Und genau diese Menschen mit ihrem Optimismus vermehrten sich. Sie gründeten Familien, zeugten Kinder und gaben die Fähigkeit, positiv auf Symbole zu reagieren, weiter.
Die anderen Menschen, denen diese Gabe fehlte, die wurden hoffnungslos, pessimistisch. Sie sahen keinen Sinn im Leben. Sie heirateten nicht, bekamen keine Kinder. Sie starben praktisch aus."

GEDANKEN SIND KRÄFTE

Sie sehen an diesen Beispielen, die natürlich nur einen kleinen Ausschnitt darstellen, wie Gedanken in jedem Bereich unseres Lebens wirken. Sie können uns einen großen, ja entscheidenden Nutzen bringen, wenn wir es verstehen, diese Kräfte zielgerichtet für unseren ganzen Lebenserfolg einzusetzen.
Aber auch in diesem Bereich ist die entscheidende Erfolgsgrundlage unser Wissen von den verschiedenen Ursachen und seinen Wirkungen. Jede Auswirkung in unserem

Leben, sei es nun Erfolg, Gesundheit, Selbstvertrauen, körperliche Leistungsfähigkeit, eine starke Persönlichkeit, aber auch Mißerfolg, Krankheit, Angst, mangelndes Selbstvertrauen… alles hat ganz bestimmte Ursachen.

Erkennen wir die Ursachen und ändern sie, dann ändern wir damit auch die Auswirkungen auf unser ganzes Leben. Wir ändern damit aber auch die Auswirkungen auf das Leben unseres Partners, unserer Familie, unserer Mitmenschen, ja bis hin zu unserer ganzen Umwelt.
Ganz genauso ist es mit der Wirkung unserer Gedanken, Vorstellungen und Überzeugungen. Nur wenn wir die dafür entscheidenden Ursachen erkennen, sie beachten und auch verändern, tritt die Wirkung ein, die wir erhoffen und erwarten.

Im Lauf unserer weiteren Arbeit werden wir uns noch einmal genau mit diesen Kräften und den sich daraus ergebenden Techniken und Hilfen beschäftigen.

ERWARTUNGEN, DIE SICH SELBST ERFÜLLEN

Wir sind jetzt schon einen wichtigen Schritt in der Bewußtmachung unserer inneren Kräfte vorangekommen. Ein entscheidender Punkt fehlt aber noch, der, wie wir diese Kräfte auch wirklich sinnvoll einsetzen können, ohne dabei Fehler zu machen.
In diesem Zusammenhang müssen wir uns mit einem Phänomen beschäftigen, daß einen großen Einfluß auf alle Dinge und Situationen unseres Lebens hat. Es sind die „sich selbst erfüllenden Prophezeiungen".

Bezeichnend ist, daß gerade am Freitag, dem 13., der ja eigentlich ein Tag wie jeder andere sein soll, statistisch gesehen wirklich mehr Unfälle und Unglücke geschehen als am Donnerstag dem 12. oder Samstag dem 14..
Aber wo liegen da die Ursachen? Hunderttausenden von Menschen wiederfährt an diesem Tag, ich möchte fast sagen, das erwartete „Mißgeschick", das erwartete Unglück.
Die Frage ist, ob wir hier wirklich nur eine zufällige Vorahnung haben, ob es ein Zufall ist, oder ob wir nicht das Unglück oder die negative Situation durch die Kraft unserer Gedanken, durch unsere innere Einstellung erst herbeiführen.
Dieser Gedanke ist insofern interessant, denn wenn dieses Phänomen in negativer Hinsicht funktioniert, wird es, ja muß es auch umgekehrt, also in positiver Richtung, gleichermaßen ablaufen!

ALLTÄGLICHE SITUATIONEN?

Aber betrachten wir jetzt zunächst die Auswirkungen dieser „sich-selbst-erfüllenden Prophezeiungen" noch etwas genauer.
Da fährt man in die Stadt – mitten in der Hauptverkehrszeit – und setzt voraus, das man an dem gewünschten Geschäft ja sowieso keinen Parkplatz findet.
Man kommt da an, natürlich alles belegt. Wirklich natürlich? – sollten wir uns einmal fragen! Hätte es nicht durchaus auch sein können, daß gerade in diesem Moment, als wir ankamen, ein Autofahrer seine Besorgungen erledigt hat und wegfährt?

Bei einer Firmenschulung in einem großen Pharmakonzern schulte ich die Pharmareferenten einer Firma. Einige der Mitarbeiter haben mir erzählt, daß es bei ihnen Tage gibt, da klappt einfach alles, und Tage, da geht einfach alles schief.
Sie formulierten das folgendermaßen:
„Das spüre ich morgens schon, ich habe gleich so gute Laune, alles geht in Ordnung, und ich weiß bereits jetzt, daß ich heute einen guten Tag habe und daß auch meine Gespräche mit den Ärzten erfolgreich sein werden."
Aber leider ist allzuoft das Gegenteil der Fall. „Es fängt morgens schon an. Ich fühle mich einfach nicht fit und weiß von vornherein, daß das heute ein schlechter, ein erfolgloser Tag werden wird.
Und das ist immer so! Wie eine Vorsehung, die ich habe.
Ich muß weite Strecken laufen, um die Ärzte zu besuchen, denn alle Parkplätze in der näheren Umgebung sind belegt.
Beim Arzt angekommen, ist das Wartezimmer gerammelt voll, endlich an der Reihe, hat der Arzt keine Lust mehr, sich von mir beraten und informieren zu lassen ...".
Kommt Ihnen diese Situation nicht irgendwie bekannt vor? Und liegt vielleicht eine Ursache dieses Ereignisses in den Erwartungen, in den „sich selbst erfüllenden Prophezeiungen"?
Es gibt unendlich viele dieser Beispiele, Beispiele, die diese „sich selbst erfüllenden Prophezeiungen" immer wieder bestätigen. Ist das nun alles Zufall oder ist da wirklich etwas Wahres daran?
Schon vor über 30 Jahren hat der berühmte amerikanische Soziologe, Robert Morton, den Begriff der „Self-Full-filling-Prophecy", abgekürzt „SFP", der „sich selbst erfüllenden Prophezeiung", geprägt. Er hat bei seinen Studien erkannt, daß diese Prophezeiungen, die wir uns

selber geben oder die uns von außen gegeben werden, in einem ungeheuren Maße das ganze menschliche Leben bestimmen.

Diese SFP, diese „sich selbst erfüllenden Prophezeiungen“, umfassen alle Bereiche des Lebens, unsere Gesundheit, unseren beruflichen Erfolg, genauso die Leistungen in der Schule und während der Ausbildung. Überall wirken diese „sich selbst erfüllenden Prophezeiungen“. Robert Murton sagt selber, daß sie allumfassend sind, das heißt, das sie das ganze menschliche Leben umfassen.

In den 60er Jahren hat dann der amerikanische Psychiater Robert Rosenthal diese von Murton aufgestellten Behauptungen durch viele Versuche nachgewiesen.

Das berühmteste Experiment von ihm war der Versuch an der Oak-School bei San Francisco. Bei diesem Versuch wurden Lehrern wahllos Namen von Kindern einer Grundschule angegeben und dabei die Bemerkung gemacht, daß von diesen Kindern größere geistige Leistungen erwartet werden könnten, da sie einen höheren Intelligenzquotienten hätten.

Tatsächlich stellte sich im Laufe des Jahres genau bei diesen Kindern eine höhere Leistung ein, ja, der Intelligenzquotient wurde meßbar besser! Und das vermutlich nur, weil die Lehrer eben diese Leistungen von ihnen erwartet hatten, denn die Namen der Kinder waren ja wahllos aus der Kartei der Schule ausgesucht worden.

Man weiß bis heute noch nicht genau, welche Ursachen diesem „Rosenthal-Effekt“ zu Grunde liegen, aber andere Versuche dieser Art mit Ratten und sogar mit primitiven Erdwürmern zeigten die gleichen Ergebnisse. Eine der Ursachen ist auf jeden Fall die Erwartung, die die Lehrer und die Versuchspersonen bei diesen Beispielen hatten.

PLACEBOS – WIRKUNG DURCH ERWARTUNG!

Ein ähnliches Phänomen zeigt sich auch bei den „Placebos“, den Scheinmedikamenten. Das sind Medikamente, die zum Beispiel so aussehen wie ein bestimmtes Mittel, die vielleicht auch so bitter schmecken, aber keinen Wirkstoff in sich haben.
Der Patient ist aber von der Wirksamkeit dieses Medikaments überzeugt – und nimmt er dann dieses Mittel ein, tritt die erwartete Wirkung oft augenblicklich ein.

Lesen Sie bitte, was die Zeitschrift „Vital“ unter der Überschrift: Placebos – der Glaube versetzt Berge über diese Scheinmedikamente schreibt:
„Im New York Hospital wurden die Patienten mit Magengeschwüren zusammengerufen und in zwei Gruppen aufgeteilt. Den Mitgliedern der ersten Gruppe sagte der Arzt, daß gerade ein neues Medikament entwickelt worden sei, das ihnen ohne jeden Zweifel helfen werde. Die Angehörigen der zweiten Gruppe erfuhren von einer Krankenschwester, daß sie ein Mittel bekämen, das gerade erprobt würde und über dessen Wirkung noch recht wenig bekannt sei.
Ergebnis: Bei 70 Prozent der Patienten aus der ersten Gruppe wurde ein deutlicher Rückgang der Beschwerden festgestellt. In der zweiten Gruppe dagegen verspürten nur 25 Prozent eine lindernde Wirkung. Beide Gruppen hatten dasselbe „Medikament“ bekommen – ein Placebo.“
Beispiele dieser Art gibt es inzwischen in unzählbaren Varianten. Es gibt auch keinen Arzt mehr, der nicht im Laufe seiner beruflichen Arbeit irgendwann einmal zu einem Placebo greifen mußte.

Was sind nun diese Placebos, und wodurch sind sie eigentlich – zum Nutzen der Patienten – so erfolgreich? Die einen sagen, Placebos seien „Scheinmedikamente“, andere halten sie für einen „weitverbreiteten therapeutischen Betrug“.
Richtig ist, daß sie zwar aussehen wie Medikamente, pharmakologisch aber aus einer völlig unwirksamen oder zumindest doch aus einer nur sehr schwach wirkenden Substanz bestehen. Ihr Erfolg liegt nur darin, daß der Patient fest daran glaubt, sie würden ihm helfen.
Sie erkennen hier immer deutlicher, wie Erwartungen wirken können und daß man mit Recht behaupten kann: „Ein ganz großer Teil allen menschlichen Leids und damit allen Unglücks ist auf geistige Ursachen zurückzuführen.“

ERWARTUNGEN IM TÄGLICHEN LEBEN

Diese Erkenntnisse sind heute eigentlich nichts Neues mehr. Die Wissenschaft und die Verhaltensforschung wissen um die Bedeutung dieser „sich selbst erfüllenden Prophezeiungen.“ Aber wir müssen an dieser Stelle einfach die Frage stellen, warum arbeiten so wenige mit der positiven Seite dieser Erkenntnisse?
Und warum wird heute, in unserer so modernen, wissenschaftlich durchdachten und analysierten Welt fast immer nur mit negativen Prohezeiungen gearbeitet?
Denken Sie an den täglichen Bereich unseres Berufes. Wie verhalten wir uns unseren Mitarbeitern und unseren Kunden gegenüber? Was prohezeien wir uns im Umgang mit Ihnen?

Denken Sie nur an unser Erziehungs- und Schulsystem. Mit welchen Prophezeiungen, mit welchen Erwartungen wird da täglich gearbeitet. Und das auch noch bei dem Wertvollsten, was wir haben, bei unserer eigenen Zukunft. Denn unsere Jugend ist ja unsere Zukunft!
Mit welchen Gedanken und Einstellungen gehen wir Eltern an die täglichen Probleme unserer Jugendlichen?
Welche Erwartungen haben die Lehrer, Ausbilder und die, die mit ihnen in Kontakt stehen?
Welche Erwartungen werden aber auch in den Jugendlichen geweckt – durch die Eltern, Lehrer, Ausbilder, durch die Medien und die Politiker?
Hier entstehen entscheidende Erziehungsfehler, die bei den Jugendlichen zu geistigen und seelischen Defekten führen können.
Anhand von Forschungsbeispielen möchte ich Ihnen die Bedeutung der SFP für den Umgang mit Jugendlichen aufzeigen.
„Der Psychologe W. B. Seaver wollte 1971 wissen, wie stark die Erwartungen von Lehrern durch ihre Erfahrungen mit älteren Geschwistern von Schülern beeinflußt werden. Untersucht wurden 79 Geschwisterpaare.

- Jüngere Geschwister guter Schüler erzielten bei dem Lehrer, der auch schon die Geschwister unterrichtet hatte, bessere Leistungen in Tests als bei fremden Lehrern.
- Jüngere Geschwister schlechter Schüler schnitten beim Lehrer der Geschwister schlechter ab als bei fremden Lehrern.

Nun könnte man denken: Nun ja, ein Lehrer, der von einem Schüler besonders viel hält, gibt ihm eben auch ohne Grund bessere Noten. Aber das ist nicht der Punkt. Der

Schüler, den der Lehrer für gut hält, ist nach einiger Zeit auch besser. Der, den er für unbegabt hält, ist nach einer Weile auch in seinen Intelligenzleistungen zurück. Das geschieht keineswegs auf magische, sondern auf durchaus erfaßbare Weise. Die Lehrer verhalten sich nämlich gegenüber guten Schülern anders als gegenüber schlechten und fördern bzw. bremsen sie damit in ihrer Entwicklung:

- Gute Schüler (=Schüler, von denen die Lehrer viel erwarten) werden für richtige Antworten häufiger gelobt und für falsche seltener getadelt, als das bei schlechten Schülern geschieht.
- Gute Schüler haben bei falschen Antworten häufiger eine weitere Chance als schlechte Schüler. Die Lehrer wiederholen nämlich bei den guten Schülern häufiger die Frage, formulieren sie um oder geben Hinweise zur Beantwortung.
- Gute Schüler werden häufiger aufgerufen, wenn sie sich melden. Schlechte Schüler werden häufiger aufgerufen, wenn sie sich nicht gemeldet haben.
- Ein Kind, das von seiner Mutter für besonders zart und sensibel gehalten wird, wird mit hoher Wahrscheinlichkeit auch zart und sensibel.

Inzwischen weiß man auch, auf welchem Wege die Erwartungen ihre – meist unbeabsichtigte – Wirkung tun. Es ist ein mehrstufiger Vorgang. Nehmen wir als Beispiel ein „ungeschicktes Kind“.

1. Stufe: Die Mutter meint aufgrund irgendwelcher Beobachtungen, ihr Kind sei weniger geschickt als andere.
2. Stufe: Dieses – begründete oder unbegründete – Urteil weckt in ihr die Erwartung, daß das Kind sich auch künftig oft ungeschickt verhalten wird.
3. Stufe: Die Erwartung beeinflußt ihr Verhalten dem

Kind gegenüber. Sie wird ihm nur mit großer Besorgnis in der Stimme etwas Zerbrechliches überlassen. Oder sie wird angesichts einer tollen Bastelarbeit aus dem Kindergarten vielleicht ungläubig fragen: „Hast du das wirklich ganz allein gemacht?"

4. Stufe: Macht das Kind lange genug die Erfahrung, daß die Mutter es für ungeschickt hält, dann übernimmt es das Urteil der Mutter. Es hält sich nun selbst für ungeschickt.
5. Stufe: Das Kind benimmt sich aus Angst ungeschickt, weil es sich selbst nichts zutraut und meidet möglichst alle schwierigen Situationen.

Letzte Stufe: Das Kind ist – nun auch aus Mangel an Übung und Erfahrung – tatsächlich ungeschickt.

WAS ERWARTEN WIR?

Und – was erwarten Sie?
Wie sieht es mit Ihren täglichen Erwartungen im Alltag aus?
Wie sieht es aus, wenn Sie vor einer Streß- und Belastungssituationen stehen?
Statt sich darauf zu konzentrieren, wie Sie heute einen erfolgreichen Tag haben werden, sehen Sie doch in Gedanken schon, wie alles schiefgeht, wie Sie einen Mißerfolg haben!
Und dann wundern Sie sich auch noch, wenn diese „gefürchtete" Situation eintritt!
Ihre Gedanken haben Ihr Handeln beeinflußt und Ihre Erwartungen, in diesem Fall Ihre „Befürchtungen", werden schon fast zwangsläufig auch eintreten!

OPTIMISMUS UND ERFOLG

Daß unsere Erwartungen, unsere Gedanken und Vorstellungen und unser Optimismus tatsächlich unsere Erfolgschancen und die Erfolgschancen unseres Unternehmens entscheidend verbessern, dafür gibt es heute viele Beweise. Eine Untersuchung des Anthropologen Lionel Tiger dazu beweist:

„Evolution, die Entwicklung einer Firma, einer ganzen Unternehmensgruppe hängt wesentlich vom Grad des Optimismus ab, der dort herrscht. Warum?

- Wer einen stabilen Optimismus hat, kann sich dem äußeren Wandel leichter und besser anpassen.
- Optimismus hilft, an sich selbst zu glauben. Wer aber an sich selbst glaubt, kann andere besser mitreißen, sie motivieren.
- Optimisten sind selbstsicherer und dadurch besser gerüstet für die Instabilität und Unberechenbarkeit unserer Zeit.
- Optimisten sind gesünder. Ihr Immunsystem arbeitet besser. Sie sind dadurch weniger anfällig, und ihre beruflichen Erfolgschancen steigen.
- Optimisten lachen häufiger. Wer aber mehr lacht, mehr Freude am Leben hat, der erhöht seinen Adrenalin-, Noradrenalin- und Dopaminspiegel, und das hat eine anregende Wirkung auf den ganzen Organismus. Bei dem Pessimisten steigt der Spiegel des Hormons ACTH, die Folgen sind Streß und Hoffnungslosigkeit.“

Sie sehen an diesem Beispiel sehr deutlich, wie unser Denken, wie unsere Erwartungen unseren täglichen Erfolg und natürlich auch den Erfolg eines Unternehmens

beeinflussen können. Wenn wir das mit den täglichen Berichten über die Entwicklung in manchen Bereichen unseres Landes vergleichen, dann haben wir damit auch eine wesentliche Ursache für viele Fehlentwicklungen erkannt. Der natürliche, notwendige Optimismus, der Kraft, Energie und Lebensmut gibt, der fehlt!
Wir erkennen an diesem Beispiel aber auch noch einmal, wie wichtig unser Denken, unsere Erwartungen und unser Optimismus sind, wenn es um die Gesundheit geht.

ERWARTEN WIR GESUNDHEIT?

Besonders wenn es um unsere Gesundheit geht – oder sollten wir nicht besser sagen „wenn es um unsere Krankheiten geht", wird in unglaublicher und oft unverantwortlicher Art mit den „sich selbst erfüllenden Prophezeiungen", mit den Erwartungen gearbeitet. Das bezieht sich jetzt nicht auf die Placebos, die Scheinmedikamente, sondern auf die alltäglichen Situationen, denen wir immer ausgesetzt sind.

Wie oft lesen wir in den Zeitungen oder hören und sehen in den Nachrichten, daß gerade jetzt Grippe-Zeit ist, wir also mit einem Schnupfen oder Husten rechnen müssen – oder daß heute die und die Pollen in der Luft herumschwirren und es also Zeit für den alljährlichen Heuschnupfen ist! Oder denken Sie an die Berichte über das tägliche „Biowetter", das ja oft auch nicht besonders gut für uns ist. Daß uns die Krankheit droht, wenn wir dieses oder jenes machen ... oder wenn wir an den einen oder anderen Ort gehen ... daß unser Bio-Rhythmus heute nicht stimmt ... wir Vollmond haben ... usw.!

Wir könnten diese Liste beliebig verlängern, und täglich kommen neue Prophezeiungen, neue „Krankmacher" dazu. Das soll aber nicht heißen, daß ich diese gesundheitlichen Probleme verharmlosen möchte, sicher nicht. Bitte verstehen Sie mich hier nicht falsch.
Ich meine damit auch nicht die ernstgemeinten Warnungen der Mediziner. Ich meine damit die allgemeine Hysterie, die immer – oft aus purer Sensationslust – bei vielen Menschen erzeugt wird. Wir müssen uns einfach immer wieder bewußt machen, daß unsere Erwartungen unser Leben und damit auch unsere Gesundheit umfassend beeinflussen. Ein Beispiel aus der Medizin kann uns das noch einmal sehr eindrucksvoll beweisen. Mit dem Genesungsverlauf nach einem Unfall befaßten sich die Kieler Wissenschaftler Frey, Rogner und Havemann. Ergebnis:
„Wer glaubt, er könne zu einem positiven Heilungsverlauf wenig oder gar nichts beitragen, der bleibt länger in der Klinik. Das gleiche gilt für die, die sich nach dem Unfall selbst anklagen oder, statt Geschehenes anzunehmen, an der ‚Vermeidbarkeit' des Unfalls festhalten.
Der Einfluß der inneren Einstellung für die Verweildauer in der Klinik ist dabei von noch größerer Bedeutung als die Schwere der Verletzung. Und erst recht gilt das für die Genesungszeit insgesamt, innerhalb und außerhalb der Klinik: Hier spielt die Schwere der Verletzung praktisch gar keine, die innere Einstellung des Patienten aber jede Rolle!
Prof. Dr. Freys berechtigte Forderung an die Krankenhauspraxis: In der Behandlung von Unfallpatienten muß die innere Einstellung, die Psyche des Patienten, berücksichtigt werden."

ERWARTUNGEN

Die Kraft unserer Gedanken und Vorstellungen wirkt in jedem Bereich unseres Lebens, und es kann für uns einen großen, ja entscheidenden Nutzen bringen, wenn wir es verstehen, diese Kräfte zielgerichtet für unseren ganzen Lebenserfolg einzusetzen.
Aber auch in diesem Bereich ist die entscheidende Erfolgsgrundlage unser Wissen von den verschiedenen Ursachen und seinen Wirkungen. Jede Auswirkung in unserem Leben, sei es nun Erfolg, Gesundheit, Selbstvertrauen, körperliche Leistungsfähigkeit, eine starke Persönlichkeit, aber auch Mißerfolg, Krankheit, Angst, mangelndes Selbstvertrauen... alles hat ganz bestimmte Ursachen.
Erkennen wir die Ursachen und ändern sie, dann ändern wir damit auch die Auswirkungen auf unser ganzes Leben. Wir ändern damit aber auch die Auswirkungen auf das Leben unseres Partners, unserer Familie, unserer Mitmenschen, ja bis hin zu unserer ganzen Umwelt.
Ganz genauso ist es mit mit der Wirkung unseres Gefühls, mit der Kraft unserer Gedanken, Vorstellungen und Überzeugungen.
Nur wenn wir die dafür entscheidenden Ursachen erkennen, sie beachten und dann auch verändern, tritt die Wirkung ein, die unseren Zielen auch wirklich nutzt.
Machen Sie sich jetzt in unserer anschließenden Praxis zu diesem Kapitel erst einmal Ihre Erwartungen in verschiedenen Situationen bewußt, und versuchen Sie dann, diese Erwartungen in positive Gedanken umzuformulieren. Die notwendigen Hilfen dazu finden Sie auf den nächsten Seiten.

PRAXIS

Positive Erwartungen

Um klarzusehen, genügt ein Wechsel der Blickrichtung.

Antoine de Saint-Exupéry

WAS ERWARTE ICH … WENN?

„Alle Antriebe in uns existieren aus der Beachtung und verschwinden durch Nichtbeachtung.“
Der nächste Schritt ist eine genaue Analyse Ihrer Erwartungen, Ihrer Gedanken und Vorstellungen, wie Sie bei Ihnen in einer Problemsituation ablaufen.
Setzen Sie sich eine bestimmte Zeit (3–4 Wochen) und analysieren Sie während dieser Zeitspanne immer wieder Ihre Gedanken, Vorstellungen und Erwartungen in diesen Problemsituationen sehr genau.

Arbeitsablauf:

1. Beschreiben Sie die Situation, in der Probleme auftraten, in kurzen Stichworten.
2. Beschreiben Sie das Ergebnis der Situation, die Sie durchgemacht haben, in kurzen Stichworten.
3. Beschreiben Sie in kurzen Stichworten Ihre Gedanken und Erwartungen, mit denen Sie an diese Situation herangetreten sind.

4. Beschreiben Sie in kurzen Stichworten Ihre Gedanken, nachdem diese Situation in einer bestimmten Weise für Sie abgelaufen ist.

Beispiel:

Was erwarte ich… Wenn?

A. Situation:

Ich mußte einen neuen Kunden besuchen, von dem mir meine Kollegen nichts Gutes gesagt haben. Es hieß nur immer: Der kauft bei uns doch nicht. Und genau das trat dann bei mir auch ein.

B. Ergebnis:

Ich konnte den Kunden nicht überzeugen, bzw. er hatte scheinbar gar keine Zeit für mich. Es war für mich ein Mißerfolg!

C. Gedanken:

Eigentlich habe ich schon mit diesem Mißerfolg gerechnet – die Kollegen haben es ja auch erfahren.

D. Positive oder negative Erwartung:

Bei diesem Besuch waren meine Erwartungen schon im vorhinein negativ, und haben sich dann ja auch bestätigt.

Was erwarte ich ... wenn?

A. Situation:

____

B. Ergebnis:

____

C. Gedanken:

____

D. Positive oder negative Erwartung:

____

A. Situation:

____

B. Ergebnis:

____

C. Gedanken:

____

D. Positive oder negative Erwartung:

____

Positive Erwartungen

Formulieren Sie Ihre negative Erwartung in eine positive Erwartung und Behauptung um. Sprechen Sie dabei den Zustand, den Sie überwinden wollen, auf gar keinen Fall an! (Positive Formulierung!)

Negativ	**Positiv**
In schwierigen Situationen denke ich immer wieder an die Vergangenheit und damit auch an die Mißerfolge, die ich schon hatte.	*Ich konzentriere mich auf meine Ziele, und ich weiß, daß ich alle Situationen erfolgreich meistern werde.*
Bei wichtigen Gesprächen mit Menschen, die mir etwas bedeuten, habe ich Angst, daß mir die Worte im Hals steckenbleiben.	*Ich bin jeder Situation gewachsen. Ich kann offen und sicher auf den anderen Menschen zugehen.*
Ich bin immer so nervös, kann mich schlecht konzentrieren und lasse mich von allem ablenken.	*Ich bin ganz ruhig und konzentriert. Nichts kann mich von meiner Arbeit ablenken.*

(Weitere Beispiele finden Sie im IX. Kapitel, Mentales Training)

Positive Erwartungen

IST	SOLL

VIII.

Der richtige Wille

Wer sich selbst aufgibt, den geben andere erst recht auf. Hat man den Wind gegen sich, so ist das nur ein Grund, umso stärker auszuschreiten.
Und wenn eine gute Sache mißglückt, so ist das nur ein Grund, sie noch 25 mal zu wiederholen, bis sie glückt. Und wenn sie beim 25. Male noch immer nicht glückt? So ist das nur ein Grund, sie 25 mal zu wiederholen, bis sie glückt.

JULIUS LANGBEHN

JETZT ENTSCHEIDET IHR WILLE

Wenn Sie meine Ausführungen aufmerksam verfolgen, werden Sie feststellen, daß alle Gedanken in Beziehung zueinander stehen, daß sich das eine immer aus dem anderen ergibt. Für Ihren Weg in eine erfolgreiche und harmonische Zukunft ist das von großer Bedeutung. Sie können nicht das eine tun und das andere weglassen, wenn Sie diesen Weg gehen wollen. In dem Maße, wie Sie dieses Wissen anwenden, wird Ihr Weg in die Zukunft immer vollkommener, immer erfolgreicher.
Sie haben erkannt, daß es für eine erfolgreiche und har-

monische Zukunft notwendig ist, sich Ziele zu setzen und sich immer wieder auf diese Ziele zu konzentrieren, denn die „Vorboten der Fähigkeiten, die in Ihnen liegen", sind Ihre Wünsche.

Sie haben erkannt, daß eine der Voraussetzungen für eine erfolgreiche und harmonische Zukunft die Harmonie von Körper, Geist und Seele ist, daß Sie also ganz bewußt auf Ihre Gesundheit und Ihre Nervenkraft achten müssen.

Sie haben erkannt, von welcher Bedeutung Ihr Denken ist und daß Sie durch die verschiedenartige Beeinflussung Ihrer Vorstellungen verschiedenartige Ergebnisse erhalten.

Sie haben auch schon erkannt, daß Sie nicht von sich verlangen können, ein lebensbejahender Mensch zu sein, wenn Sie sich nicht zielbewußt darauf vorbereiten, wenn Sie in Ihr Bewußtsein Gedanken lassen, die nicht mit Ihrem Ziel übereinstimmen.

Sie wissen jetzt, daß Sie sich durch negatives Denken regelrecht zerstören können, wenn Sie ständig an sich herumnörgeln, an sich zweifeln und Gedanken des Mißtrauens gegen die eigenen Kräfte entstehen lassen. Sie müssen immer damit rechnen, daß Gedanken Kräfte sind, die Ihr ganzes Leben verändern können und damit einen ganz wesentlichen Anteil an dem Ablauf Ihres Lebens und Ihrer Zukunft haben.

Es ist wirklich so: Durch Ihr Denken bauen Sie Ihre Zukunft auf oder richten sie im vorhinein schon zugrunde. Sie müssen ganz konsequent danach streben, alle negativen Gefühle, die durch negative Vorstellungen in Ihnen entstehen können, auszuschalten.

WOLLEN UND KÖNNEN

Nun kommen wir zu dem Punkt, an dem immer wieder viele Menschen so sprechen:
„Ich möchte ja schon, aber es geht einfach nicht!
... Ich würde schon gern einen Strich unter die Vergangenheit ziehen, aber immer wieder komme ich in diesen negativen Kreislauf meiner Gedanken und Erinnerungen.
... Ich würde mir schon gern ein lebenswertes Ziel stekken, aber ich kann den Mut dazu nicht finden.
... Ich weiß, daß ich etwas für meine Gesundheit tun muß.
... Mehr Bewegung, Laufen und was man da alles machen kann, aber irgendetwas hindert mich immer wieder daran, immer kommt etwas dazwischen.
... Und dann dieses positive Denken. Ich weiß es ja, aber ich schaffe es doch nicht! Irgendetwas hindert mich einfach immer wieder daran, daß ich meine Vorsätze auch einhalte.
Außerdem ist das ja alles sowieso viel zu viel ...".

Sicher wäre es zuviel, wenn Sie alles auf einmal ändern wollten – aber das haben wir ja schon im ersten Kapitel angesprochen. Erinnern Sie sich dazu noch einmal an die „kleinen Schritte", die zum Ziel führen.
Wichtig ist hier für uns, daß wir uns immer wieder bewußt machen, daß alles eine Ursache hat, und daß wir auf unserem Weg nach oben nur dann weiterkommen, wenn wir eben immer wieder nach diesen Ursachen fragen.
Und da liegt wieder ein Kernproblem, wenn es um Wollen und Können geht. Der englische Philosoph Bertrand Russell meinte einmal über die Bereitschaft der Menschen nachzudenken: „Manche Menschen würden eher sterben, als nachzudenken. Und das tun sie auch."

Aber Ihnen, der Sie ja ein Ziel haben, Ihnen fällt das Nachdenken nicht schwer. So wie ein Arzt bei seinem Patienten nach den Ursachen einer Krankheit forscht, so müssen Sie jetzt darüber nachdenken, woran es liegen kann, wenn eine so große Schwierigkeit zwischen dem Wollen und Können liegt.

DAS GESETZ VON URSACHE UND WIRKUNG

Oscar Schellbach spricht im seinem Erfolgs-System von dem „Gesetz von Ursache und Wirkung". Bei Ihrem Weg in eine erfolgreiche und harmonische Zukunft dürfen Sie dieses Gesetz von „Ursache und Wirkung" nie aus den Augen verlieren. Erst dann können Sie auch wirklich einen Zustand ändern, wenn Sie sich über die Ursachen vollkommen im klaren sind.

Alle großen Seuchen und Plagen unserer Vergangenheit, die sogenannten „Geißeln Gottes", ließen sich erst dann erfolgreich bekämpfen, als man die Ursachen erkannte. Erst dann konnten Gegenmittel entwickelt werden; bestimmte Insekten wurden schon an ihrer Weiterentwicklung gehindert.

Denken Sie hier nur an die Zetse-Fliege, die die Ursache der Malaria war, an die Ratten und die Verbreitung der Pest, an Ignaz Philipp Semmelweis, der das Kindbettfieber beseitigte, indem er auf Sauberkeit und Hygiene im Kreißsaal achtete.

Erst als die Ursachen erkannt wurden, konnten die Auswirkungen beseitigt werden. Und so wird es auch bei den heutigen großen Krankheiten, bei Krebs und Aids sein.

Erinnern Sie sich in diesem Zusammenhang auch an das

Bewußtsein für unsere Umwelt, das nur durch Ursachenkenntnis geweckt werden kann. Und genauso ist es bei allen Sorgen, Problemen und Nöten, in denen wir uns alle, wir die Menschen des Computerzeitalters, befinden.
So ist es bei allen Dingen, im Großen wie im ganz Kleinen. Stellen Sie sich vor, sie sitzen den ganzen Tag im Büro am Schreibtisch, müssen sich konzentrieren und bekommen dabei Kopfschmerzen. So manch einer greift sofort zur Schmerztablette, ohne sich zu fragen, woran es liegt. Die Tablette ist ja so viel einfacher! Aber ist sie auch gesund, wurden hier wirklich die Ursachen beseitigt?

Dabei ist es manchmal so leicht, die Ursachen zu beseitigen. In meinem Beispiel mit den Kopfschmerzen braucht der Betreffende vielleicht nur das Fenster zu öffnen, drei-, viermal tief durchzuatmen, und die Ursache für seinen Kopfschmerz, der Sauerstoffmangel, wäre beseitigt.
Oder stellen Sie sich vor, Sie sehen an Ihrem Auto eine rostige Stelle. Was machen Sie hier? Nur einfach Farbe über den Fleck? Natürlich nicht, sondern zuerst einmal die Ursache entfernen, den Rost abkratzen. Und erst dann kommt der neue Lack darüber!
Was machen Sie aber im Leben und in der Behandlung Ihrer kostbarsten Hilfsmittel, Körper, Geist und Seele?
Da fragen Sie nicht nach den Ursachen, sondern packen nur einfach dick Farbe darüber und hoffen und beten, daß der ganze Kram auch hält! Bricht aber dann der alte Fleck, die Krankheit oder Hemmung wieder durch, meist noch stärker als vorher, dann ist die Enttäuschung groß, und der Zweifel an der eigenen Kraft wird immer größer.
Bei Ihrem Auto würden Sie das nie machen, das hat ja schließlich viel Geld gekostet, außerdem hätte auch der TÜV etwas dagegen.

Aber bei wichtigen Dingen Ihres Lebens fragen Sie viel zu selten nach den Ursachen – es hat ja nichts gekostet, Sie haben es ja umsonst bekommen.

DER CHARAKTER DES MENSCHEN

Fragen Sie nach den Ursachen, dann kommen Sie zwangsläufig auf den Charakter des Menschen, von dem Friedrich Schiller sagt: „Unser Charakter ist unser Schicksal."
„Der Charakter, hervorstechende Merkmale einer Person, die eigentümliche, selbsterworbene feste Richtung des Willens", lautet die Definition im Brockhaus.
Erich Fromm schreibt in „Psychoanalyse und Ethik" über den Charakter: „Im Zusammenhang mit dem Freudschen Begriff der unbewußten Motivation (unbewußte Antriebe) steht seine Lehre von der triebhaften Natur der Charakterzüge.
Freud anerkannte, was große Romanciers und Dramatiker seit je wußten: daß man es nämlich – wie Balzac es formuliert – bei der Erforschung des Charakters mit Kräften zu tun hat, die für den Menschen bestimmend sind!"
Die Art und Weise, in der jemand denkt, fühlt und handelt, ist nicht nur das Ergebnis vernunftbedingter Reaktionen auf die Realität, sondern wird weitgehend durch das Spezifische seines Charakters bestimmt: „Des Menschen Schicksal ist sein Charakter."
Freud erfaßte die dynamische Struktur der Charakterzüge, und daß die Charakterstruktur eines Menschen die besondere Richtung darstellt, in die seine Energie gelenkt wird.

SEINEN CHARAKTER BEEINFLUSSEN?

Um die Grundlagen für eine erfolgreiche und harmonische Zukunft zu schaffen, müssen Sie einen Einfluß auf Ihren Charakter gewinnen, negative Eigenschaften ausschalten und sich positive Eigenschaften aneignen.
Seinen Charakter kann jeder beeinflussen, der es ernstlich will, vor allem aber jeder bewußt lebende Mensch, der sich über die innere und äußere Notwendigkeit der Umgestaltung seines Charakters vollkommen im klaren ist. Diese Erkenntnis setze ich natürlich bei Ihnen voraus, denn sonst würden Sie dieses Buch nicht lesen.
Stellen Sie sich also nicht auf den Standpunkt, daß Ihr Charakter etwas Ewiges und Unveränderliches ist. Sicher, ein Teil Ihres Charakters ist durch Ihre Erbanlagen bestimmt, das können Sie nicht mehr ändern. Aber es ist nur der eine Teil, bestimmt genauso groß ist der Bereich, den Ihre Umwelt formt und den Sie sich durch Ihre Gewohnheiten anerziehen.

DER ANERZOGENE CHARAKTER

Der größte Teil der Menschen wird weniger mit einem bestimmten Charakter geboren, sondern mehr mit der Anlage, nach festen Richtlinien zu handeln. Diese Richtlinien selbst werden jedoch erst durch die Umgebung, die Umwelt geschaffen.
Natürlich wird der Alltagsmensch, der mehr unbewußt als bewußt lebt, mehr auf eine Veranlagung reagieren als der bewußt lebende Mensch, der weiß, daß der Geist der Herr ist und nicht die Schwäche über den Körper gebieten darf.

Die Neigung, sowohl Gutes wie auch Böses zu tun, schlummert in jedem Menschen. Erst die Erziehung sowie das Beispiel und die Gesinnung von Eltern und Umgebung, lassen das eine oder das andere des Charakters in Erscheinung treten.

Erich Fromm schreibt hierzu: „Der Charakter des Kindes wird durch den Charakter der Eltern geformt, deren Art entsprechend es sich entwickelt.
Der Charakter der Eltern und ihrer Erziehungsmethoden werden wiederum durch die gesellschaftliche Struktur ihres Kulturraums bestimmt."

Indem sich das Kind seiner Familie anpaßt, erwirbt es den Charakter, der es später zu seiner Aufgabe im gesellschaftlichen Leben befähigt. Das Kind eignet sich den Charakter an, durch den es das tun will, was es tun muß.
Bis zu welchem Grade der Charakter durch soziale und kulturelle Vorbilder geformt wird, zeigt sich darin, daß die meisten Glieder einer Gesellschaftsklasse oder eines Kulturbereichs bestimmte Charaktermerkmale gemeinsam haben, so daß man von einem sozialen Charakter sprechen kann.
Vom sozialen Charakter getrennt müssen wir jedoch den individuellen Charakter betrachten, durch den sich innerhalb des gleichen Kulturkreises ein Mensch von dem anderen unterscheidet.
Diese Unterschiede gehen zum Teil auf die Unterschiede der Persönlichkeiten der Eltern zurück, zum anderen auf die psychischen und materiellen Unterschiede der besonderen sozialen Umwelt, in der das Kind aufwächst."
Hierzu auch ein Zitat von Professor Walter Barsch, Präsident des Kinderschutzbundes: „Dem Drogenkonsum junger Menschen liegt fast immer der Wunsch nach einer ex-

trem positiven Lebensqualität zugrunde. Wenn dieses Ziel durch eigenes Streben nicht verwirklicht werden kann, weichen Kinder und Jugendliche leicht auf Drogen aus, die ihnen die Erfüllung ihrer Wunschvorstellung vorgaukeln."
An diesem Beispiel erkennen Sie, wie wichtig die Umwelt für eine positive Charakterbildung ist und wie groß unsere gemeinsame Verantwortung gegenüber der Jugend ist.
Denken Sie bitte auch noch einmal an das erste Kapitel zurück. Ich sprach da von Ihrem „inneren Ich", das ihr Denken, Fühlen und Handeln bestimmt. Erinnern Sie sich an meinen Vergleich mit der „Waage in uns", die je nach den Gewichten, die Sie in die Waagschalen legen, zur positiven oder negativen Seite sinkt. Legen Sie aber die Gewichte auf die „Plus-Seite", informieren und behandeln Sie Ihr geistiges Ich positiv, nutzen Sie die Techniken der positiven Selbstbeeinflussung, dann formen Sie Ihren Charakter im Geist einer lebenswerten, harmonischen und erfolgreichen Zukunft.

DIE MACHT DER GEWOHNHEIT

Jede Charaktereigenschaft, einerlei ob sie gut oder schlecht ist, untersteht dem Gesetz der Gewohnheit. Hier müssen Sie von der Tatsache ausgehen, daß diese Eigenschaft nicht direkt in Ihrem Körper seine Ursache hat, sondern daß sie aus dem Unterbewußtsein gesteuert wird.
Jede Handlung, überhaupt jeder Vorgang in Ihrem Körper, hat nach bestimmten Gesetzen das Bestreben, sich dann zu wiederholen, wenn die gleichen äußeren Bedingungen auftreten. Bewirkt wird diese gesetzmäßige Wie-

derholung durch die in Ihrem Unterbewußtsein wirkenden Vorstellungen, die umso stärker und damit umso wirksamer werden, je öfter und je länger sie auftreten können.

Denken Sie nur einmal daran, wie schwer es manchen Menschen fällt, morgens beim ersten Ton des Weckers aufzustehen. Man wälzt sich von einer Seite auf die andere, das Aufstehen fällt immer schwerer ... und ist es endlich soweit, ist keine richtige Zeit mehr für das Frühstück! Das wird dann damit entschuldigt: „Er ist eben so ein Typ!"

Was ist aber, wenn derselbe Mensch in Urlaub will? Um 6 Uhr klingelt der Wecker, und schon beim ersten Ton steht er senkrecht, springt aus dem Bett, gut gelaunt und voller Energie! Eine wundersame Charakterwandlung? Nein, nichts anderes als ein Ziel hat diese Änderung bewirkt!

Solche Beispiele haben Sie selbst schon oft erlebt, sie zeigen Ihnen, was möglich ist. Auch Sie können sich neue, positive Charaktereigenschaften anerziehen, wenn Sie ein Ziel haben. Wenn Sie erkannt haben, daß eine Änderung absolut notwendig ist und wenn Sie die Technik der Selbstmotivation und Selbstbeeinflussung beherrschen.

DER STARKE WILLE

Die entscheidende Frage ist nun, wie können wir unseren Charakter beeinflussen, wie erfüllen wir unser Bewußtsein mit positiven Gedanken, und zwar so stark, daß depremierende, negative und erfolgshindernde Kräfte keinen Einfluß mehr auf uns haben?

Wir hören immer wieder, daß derjenige, der seine Ziele

erreicht, der Erfolg im Leben hat, über einen starken Willen verfügen muß! Einen Willen, der ihn befähigt, all das zu tun und auch zu erreichen, was für den Erfolg notwendig ist.
Dieser starke Wille ist es aber scheinbar gerade, der, der den meisten Menschen fehlt. Denn die Voraussetzungen für Ihren Erfolg und Ihr Glück erkennen viele, aber sie handeln nicht danach.

Fragen wir uns an dieser Stelle einmal, ob es wirklich der „starke Wille" ist, der hier entscheidet, oder gibt es vielleicht noch andere Kräfte im Menschen, die die Durchführung von Erfolgsvorsätzen verhindern können? Hier sitzt das Kernproblem des persönlichen Erfolges! Wer hier nicht restlos klar sieht, wird niemals zu einem wirklichen, andauernden Erfolg kommen. Wird diese Frage nicht beantwortet und das Ergebnis beachtet, dann ist es eine reine Frage der Zeit, bis man unter dem eigenen Druck zusammenbricht.
Unter Willenskraft verstehen wir die Kraft, die notwendig ist, um einen Widerstand, ein Hindernis oder eine Hemmung zu überwinden. Für uns gibt es also eigentlich keinen schwachen oder starken Willen, sondern nur einen Willen! Und dieser Wille ist die Antriebskraft, die in jedem Menschen vorhanden ist. Allerdings kann sich unser Wille nur dann entfalten und entwickeln, wenn wir es verstehen, die Hindernisse, die vor ihm liegen, wegzuräumen.

HEMMUNGEN BESEITIGEN!

Stellen Sie sich nur einmal vor, Sie würden beim wöchtlichen Kegeln statt mit einer Kugel mit einem Würfel werfen. Das würde natürlich kein vernünftiger Mensch tun, aber denken Sie diese Idee trotzdem einmal kurz weiter.
Der Würfel kippt über seine Kanten, und nach kurzer Zeit bleibt er liegen, auch dann, wenn wir unsere Kraft verdoppeln oder verdreifachen ...! So, wird es für uns keinen Erfolg geben.
Mit der gleichen Kraft werfen Sie aber die Kegel-Kugel viele Meter weit, und wenn Sie es mit der richtigen Technik machen, brauchen Sie viel weniger Kraft, um Ihr Ziel zu erreichen. Und genau so ist es mit unserem Willen!

Für uns ergibt sich daraus folgende Überlegung: Einen sogenannten „starken Willen“ oder große Willenskraft brauchen wir immer dann, wenn die Widerstände, Hindernisse und Hemmungen, die wir überwinden wollen, groß sind.
Ist das Hindernis aber nicht sonderlich groß oder haben wir es vorher aus dem Weg geräumt, dann brauchen wir natürlich auch viel weniger dieser Kraft.
Denken Sie nur daran, wie schwer es vielen Menschen fällt, vor einer größeren Gruppe von Menschen zu sprechen. Aber im Sitzen, im Schutz der Gruppe, sprechen sie stundenlang mit vielen Menschen.
Im täglichen Leben können wir immer wieder beobachten, daß der sogenannte „Erfolgsmensch“ sich oft viel weniger anstrengt als der Mensch, der immer wieder Mißerfolge hat.
Der Weg zu einem wirklichen Lebenserfolg, zu Glück und Harmonie ist für uns nur dann wirklich möglich, wenn wir es verstehen, unsere inneren Wiederstände und

Hemmungen zu beseitigen. Das Wichtigste ist für uns auch nicht die Stärkung unseres Willens, sondern vielmehr das Ausschalten aller möglichen Hemmungen, die uns an unserem Erfolg hindern können.
Henry Ford, der geniale Autokonstrukteur, hat zu diesem Thema einmal folgendes gesagt:
„Warum soll ich einen stumpfen Meißel mit ungeheurer Kraft in ein Stück Metall treiben, wenn ein leichter Schlag auf einen angespitzten Meißel die gleiche Wirkung hat."
Was tun wir aber immer wieder? Statt den Meißel zu spitzen, erhöhen wir nur immer wieder unsere Kraft, strengen uns immer mehr und mehr an, verkrampfen uns dabei und haben letztlich keinen Erfolg.
Fragen wir uns also, was wir tun können, um den „Meißel" zu spitzen, um unsere inneren Hemmungen und Wiederstände auszuschalten. Dazu müssen wir uns noch einmal bewußt machen, daß genauso wie die unbewußten Organfunktionen des Körpers auch unser Denken automatischen Abläufen und Gewohnheiten unterliegt. Daraus ergibt sich für uns: Wir müssen in uns neue, positive Denkgewohnheiten schaffen, um so die Hemmungen und Widerstände auszuschalten.

AUFMERKSAMKEIT ENTSCHEIDET

In dieser Situation kommt es für uns darauf an, unsere Aufmerksamkeit auf das zu richten, was wir erreichen wollen. Wir dürfen die Hemmung, den Widerstand einfach nicht mehr beachten. Stattdessen müssen wir uns ganz bewußt auf den positiven Zustand konzentrieren. Und je mehr wir dann diese positive Situation, das, was wir erreichen wollen, beachten, um so mehr verschwindet die Hemmung in uns.

In unseren Rhetorik-Seminaren hat sich schon einige Male folgende Situation abgespielt:

Unter den Seminaristen war ein Teilnehmer mit eine Redehemmung. Sobald dieser Teilnehmer in eine Belastungssituation kam, also vor allen Zuhörern reden mußte, fing er an zu stottern.

Aber am Abend, beim lockeren Beisammensein, konnte er fehlerfrei sprechen. Keiner von uns wäre auf die Idee gekommen, daß dieser Mensch ein wirkliches Problem hat.

Und wo liegt die Ursache? Was läuft bei diesem Menschen in seinem Denken ab, wenn er aufgefordert wird, vor allen anderen Teilnehmern zu sprechen? An was denkt er jetzt?

„Nur nicht stottern, nur nicht steckenbleiben, bloß nicht versprechen, bloß nicht versagen...".

Und was ist das Ergebnis dieser Gedanken und den sich daraus ergebenden inneren Abläufen? Er wird keinen klaren Satz aussprechen können und natürlich steckenbleiben.

An diesem Beispiel sehen Sie, worauf es uns bei den nächsten Schritten ankommt. Je mehr wir etwas beachten, je mehr Aufmerksamkeit wir auf etwas lenken, sei es nun positiv oder negativ, zum Beispiel Gesundheit oder Krankheit, Erfolg oder Mißerfolg, Angst oder Hoffung, um so stärker wird das, was wir beachten, auch in uns zu wirken beginnen.

Denken Sie hier nur einmal an das bekannte Beispiel der Zahnschmerzen. Wie oft ist es uns schon selber passiert, daß wir mit Zahnschmerzen im Wartezimmer des Arztes sitzen, und dann sind mit einem Mal die Schmerzen verschwunden. Verschwunden nur deshalb, weil unsere Ge-

danken in die Zukunft gerichtet sind, auf das, was der Zahnarzt alles mit uns anstellen kann.
Wie unangenehm das ist, wie weh das vielleicht tut! Dadurch ist die Ursache der Zahnschmerzen zwar nicht beseitig, aber die momentanen Auswirkungen, die Schmerzen, sind im Augenblick verschwunden. Und der Schlüssel dazu: unser Denken! Durch unsere Gedanken, die in die Zukunft gerichtet waren, wurde unsere Aufmerksamkeit von den Zahnschmerzen abgezogen.

Unsere Aufmerksamkeit wird aber nicht nur von solchen starken Gedanken und Gefühlen beeinflußt, wie es bei dem Beispiel der Zahnschmerzen der Fall war. Es sind oft ganz unscheinbare und kleine, nichtssagende Dinge, die unsere Aufmerksamkeit unbewußt, aber trotzdem ungeheuer wirkungsvoll, beeinflussen können.
Oft sind es kurze Sätze und Redewendungen, mit denen wir immer wieder konfrontiert werden. Worte, mit denen wir die anderen Menschen auch Kinder beeinflussen können.
Da trägt der kleine Alexander ein volles Glas Milch. Die Mutter sieht das, und sofort ruft sie ihrem Alexander zu: „Paß auf, daß du nichts verschüttest“ und schon liegt das Glas auf den Boden.
Denken Sie bitte noch einmal an unsere Praxis im 7. Kapitel, als wir uns mit unseren Erwartungen und den sich selbst erfüllenden Prophezeiungen beschäftigt haben. Hier hatte ich Sie gebeten, Ihre Erwartungen in Problemsituationen zu analysieren und sie dann in positive Erwartungen umzuformulieren. Auch hier ging es uns schon um die Aufmerksamkeit, die wir immer wieder auf bestimmte Dinge und Situationen lenken.

KONTROLLIEREN SIE IHRE GEDANKEN!

Eine planmäßig durchgeführte Kontrolle von dem, was wir beachten, kann uns helfen, die Widerstände, Hemmungen und Hindernisse abzubauen, die uns am Erfolg hindern können.

Wir dürfen eine Zeitlang nur auf solche Dinge unsere Aufmerksamkeit lenken, die für unsere Ziele, also für das, was wir erreichen wollen, unbedingt notwendig – und damit erfolgsbringend sind.

Allen negativen Gedanken müssen wir die Aufmerksamkeit entziehen und sie ganz bewußt durch positive Gedanken ersetzen.

Hier sind wir eigentlich schon mitten im mentalen Training, mit dem wir uns im nächsten Kapitel noch sehr genau beschäftigen werden. Jetzt geht es uns um eine andere wichtige Eigenschaft, die zu jedem erfolgreichen Menschen gehört – um die Fähigkeit der positiven Selbstmotivation.

SELBSTMOTIVATION

Die Fähigkeit, sich selbst und andere Menschen immer wieder neu zu motivieren – ist eine Aufgabe, die manchmal nicht ganz leicht fällt. Denn es gibt Tage, an denen man mit dem „linken Bein“ aufsteht und einfach keine Lust zu irgendwelchen Handlungen aufbringen kann. Gerade aber an solchen Tagen ist es wichtig, sich selbst positiv auf den Tag einzustellen. Denn sonst wird dieser Tag für Sie selbst, für Ihre Familie und Ihre Mitarbeiter sehr unproduktiv, ein Mißerfolg ist da vorprogrammiert.

In solchen Situationen ist es gut, wenn wir es verstehen, uns selbst zu motivieren, uns selbst aus einem Tief herauszuziehen. Auch wenn wir Probleme und Sorgen meistern wollen, wenn wir schwierige Aufgaben haben, ist Selbstmotivation eine wichtige Hilfe.

Bei der Selbstmotivation geht es darum, in unserem Unterbewußtsein einen neuen, positiven Impuls zu erzeugen, anzustoßen und zu einem Programm zu verstärken.
Erinnern Sie sich dazu noch einmal daran, wie wir über den Aufbau unseres Bewußtseins, unserer „inneren Steuerungszentrale" gesprochen haben. In dieser Zentrale sind unzählige Programme gespeichert, „positive Programme", die uns nutzen und uns erfolgreich machen – genauso aber auch viele „negative Programme". Diese Programme können uns blockieren, lähmen, krank machen und uns um den Erfolg bringen. Durch Wiederholungen haben sich diese Programme in unserem Unterbewußtsein verankert.
Wir haben auch erkannt, daß der Weg in die „innere Steuerungszentrale" über die Wiederholung und über die Sprache des Unterbewußtseins, über das Gefühl führt. Wird diese Sprache eingesetzt und ein bestimmtes Bild, eine bestimmte Vorstellung, eben eine „ganz bestimmte Möglichkeit" immer wieder behauptet und aufs Neue wiederholt, dann ergibt das nach kurzer Zeit – abhängig von der Stärke der Wiederholung – ein neues Programm, das uns in den verschiedensten Situationen eine große Hilfe sein wird.

PRAXIS

Sich selbst motivieren

Unser Gehirn ist wie ein Tonband, das alle Informationen speichert, die wir im Laufe unserer Entwicklung hören.
Aussagen, die sich ständig wiederholen, prägen sich besonders ein. Wenn das Tonband in unserem Kopf immer wieder abläuft, sind wir schließlich selber von dem überzeugt, was es uns sagt.

THOMAS HARRIS

Selbstmotivation ist mein Erfolgsgeheimnis!

Wir sind immer dann erfolgreich, wenn wir uns wohlfühlen.
Je wohler wir uns fühlen, um so erfolgreicher sind wir.

ROBERT ALTMANN

SELBSTMOTIVATION

Die Selbstmotivation ist eine gute Hilfe für fast jede schwierige, oft sogar ausweglose Situation.
Bei dieser Übung kommt es darauf an, daß Sie in Ihrem inneren Ich, in Ihrem Unterbewußtsein ein neues positives Programm einspielen, das Ihnen in einer bestimmten Situation helfen soll.

Die Selbstmotivation läßt sich in folgenden Bereichen sehr gut einsetzen:

- Bei der Suche nach neuen Lebenszielen
- Bei Zweifeln an sich selbst
- Bei Mißerfolgen und in schwierigen Situationen
- Vor Prüfungen und wichtigen Aufgaben
- Bei Überforderung
- Bei Selbstzweifeln
- Vor Höchstleitungen
- Zur Erhaltung der Gesundheit
- In Krankheitsfällen zur Unterstützung der Therapie ...

VORAUSSETZUNGEN:

1. Der Grund

Bevor Sie mit der Entwicklung einer Selbstmotivation beginnen, müssen Sie sich über Ihre Ziele im klar sein.
Das können Ihre Lebensziele sein, genauso aber ein Ziel in einem speziellen Bereich (zum Beispiel das Selbstvertrauen zu verbessern, um die eigenen Lebensziele leichter zu erkennen).

2. Die Analyse

Versuchen Sie die verschiedenen Belastungen, Hemmungen und Störungen zu erkennen. Machen Sie sich dazu ähnliche Ereignisse aus der Vergangenheit bewußt.

3. Die Ursachen

Fragen Sie sich sehr genau, auf welchen Ursachen das vergangene (negative) Ereignis oder Erlebnis aufbaute.
Wichtig ist hierbei, daß Sie die Dinge erkennen, die Sie durch Selbstmotivation verändern und beeinflussen können, und die Dinge, die andere Ursachen hatten.
(Wenn Sie in eine wichtige Besprechung unvorbereitet gehen, nützt Selbstmotivation nichts!)

4. Die Umformulierung

Stellen Sie dann sehr genau die Faktoren fest, die Sie belasten, stören und hemmen.
Wandeln Sie diese Faktoren ins Positive um. Vermeiden Sie dabei, das Negative noch einmal anzusprechen.

Zum Beispiel:

- ☐ Ist:
  Ich bin immer so nervös und rege mich so schnell auf.
- ☐ Jetzt nicht:
  Ich bin nicht mehr nervös.
  (Wenn Sie diese Formulierung gebrauchen, dann vertiefen Sie Ihre Unruhe – also das, was Sie ja eigentlich überwinden wollen – immer weiter in Ihrem Unterbewußtsein!)
- ☐ Sondern: Ich bin ganz ruhig!

(In unserem IX. Kapitel finden Sie weitere Beispiele für diese Ist-Soll- Technik)

5. Das Ziel

Entwickeln Sie aus dem Soll-Zustand eine eingängige Selbstmotivation.

6. Die Anwendung

Wiederholen Sie den von Ihnen entwickelten Text so oft wie möglich.
Schaffen Sie sich sogenannte Erinnerungshelfer, zum Beispiel einen gelben Punkt an Ihrem Arbeitsplatz, der Sie immer wieder an Ihren Motivationssatz erinnert.

ABLAUF UND EINSATZ DER ÜBUNG

Bei dem Ablauf und Einsatz dieser Selbstmotivation kommt es zum einen darauf an, den Text einige Male sehr bewußt zu sich selbst zu sagen und zum anderen, daß Sie sich so oft es geht an den Text erinnern.
Beginnen Sie am besten nach der Morgentoilette damit. Sprechen Sie den Text ganz bewußt und auch so laut, daß Sie sich selbst gut hören.
Je nach der Länge des Textes sollten Sie ihn drei- bis viermal wiederholen.
Führen Sie die Übung so lange mit dem gleichen Text durch, bis Sie wirklich davon überzeugt sind, daß Sie zum Beispiel das auch ausstrahlen, was Sie sich selbst in diesem Augenblick gerade sagen.

„Fortdauernde Behauptung einer Möglichkeit wird zum Glauben und aktiviert dadurch die Kräfte zur Verwirklichung der Behauptung."

„Wiederholung, bewußt oder unbewußt, verstärkt die Antriebe bis zum Automatismus der Vorgänge, begünstigt und bewirkt so Zwangsabläufe körperlicher, geistiger und seelischer Art, und zwar ebensowohl in positiver, wie in negativer Hinsicht."
(OSCAR SCHELLBACH, 14. und 16. Denkgesetz)

Beispiel:

Aufbau einer Selbstsuggestion, um die eigene Leistungsfähigkeit zu steigern. Bei diesem Beispiel geht es um die Fähigkeit, besser und erfolgreicher reden zu können.

1. Der Grund

(Warum will ich diese Fähigkeiten erreichen?)

- Frei, sicher, überzeugend reden
- Frei vor großen Gruppen
- Andere überzeugen, motivieren
- Andere von meinen Ideen überzeugen
- Meine eigenen beruflichen und persönlichen Ziele erreichen!

2. Die Analyse

(Welche Probleme hatte ich in der Vergangenheit immer wieder?)

- Hemmungen körperlicher Art:
  Rot werden, unsicher, Schweiß bricht aus
  Stimme zu leise, nicht überzeugend
  Stimme stockend, zu schnell

- Belastungen geistiger Art:
  Angst allgemein
  Angst vor dem Steckenbleiben
  Angst vor der Blamage
  Zweifel an sich selbst
  Ideen kommen nicht, Denkblokade
  Black out

3. Die Ursachen

(Woran kann es liegen? Welches sind die erkannten Ursachen?)

- Angst, Lampenfieber, fehlendes Selbstvertrauen
- Vorbereitung zu schlecht (besser)
- Technik nicht in Ordnung (prüfen)
- Stimme zu schwach (zu wenig Übung, falsche Atemtechnik, schlechte Luft im Raum/Raucher)
- allgemeine Streßfaktoren

4. Die Umformulierung

Den augenblicklichen IST-Zustand in einen möglichen SOLL-Zustand umformulieren.
Dabei den Zustand, den ich überwinden will, nicht ansprechen! (Positive Formulierung!)

5. Das Ziel

Aus den einzelnen „Soll-Teilen“ eine Selbstmotivation entwickeln.

IST	→	SOLL
Zu leise	→	Laut, deutlich
Nicht überzeugend	→	Überzeugend
Selbstvertrauen fehlt	→	Selbstbewußt, frei und sicher
Rot werden	→	gut Vorbereitet
Unwohl fühlen	→	Wohl fühlen
Angst zu versagen	→	Weiß ... gutes Referat halten werde ... Auf mein UB verlassen

Zum Beispiel:

- Meine Sprache ist laut, deutlich und überzeugend.
- Ich bin gut vorbereitet und trete frei, sicher und selbstbewußt auf.
- Ich weiß, ich werde ein überzeugendes Referat halten.
- Ich kann mich auf mich selbst verlassen.
- Ich weiß, ich werde meine Ziele erreichen.

6. Die Anwendung

Täglich bewußt machen.
Laut vor einem Spiegel (Badezimmer) sprechen! Dabei Sprache, Gestik und Mimik, Körperhaltung prüfen.
Aufschreiben, lesen, in Gedanken sprechen.
Durch „Merker" immer wieder daran erinnern.

Beispiel:

Ich weiß,
daß für die Wirkung der Sprache meine
innere Sicherheit entscheidend ist.

Das ist eine Frage des Vertrauens zu meiner
eigenen Kraft.

Ich bin innerlich sicher,
vollkommen sicher und frei.
Ich spreche ganz ruhig, sicher und frei.

Ich bin ganz sicher.
Ich habe meine Stimme und meine Sprache
fest
in der Gewalt.
Ich fühle,
wie ich innerlich wachse und meine
Sprache immer sicherer wird.

Ich spreche immer sicherer,
immer überzeugender, immer freier.
Ganz deutlich fühle ich das,
ganz deutlich ...
Absolut sicher und überzeugend wird meine
Sprache.

Ich glaube an mich und meine Kraft.
Ich weiß,
ich werde meine Ziele erreichen!

Aufbau der eigenen Selbstmotivation

1. Der Grund
(Warum will ich diese Hemmung/Fähigkeit überwinden/erreichen?)

____

____

____

2. Die Analyse
(Wie sieht die augenblickliche Situation aus? Welche Probleme hatte ich in der Vergangenheit?)

____

____

____

3. Die Ursachen
(Wo liegen die Ursachen für dieses Problem/Situation/Ereignis?)

____

____

____

4. Die Umformulierung

Ist-Zustand (Augenblicklicher Zustand)	Soll-Zustand (Gewünschter Zustand)

5. Das Ziel
(Der Text der Selbstmotivation)

____

____

____

6. Die Anwendung
(Wann und wie setzte ich diese Selbstmotivation ein?)

____

____

____

MOTIVATIONSKILLER – UND WAS KANN ICH DAGEGEN TUN?

Selbstzweifel

(Hilfen, um diese Situation zu überwinden)

- Erfolgserlebnisse schaffen
- Die Ursachen des Selbstzweifels erkennen und ändern
- Das Positive sehen und auch ansprechen
- Systematische Planarbeit und kleine Schritte vornehmen
- Das Ziel immer wieder bewußt machen

Mißerfolge

- Nach den Ursachen fragen, sie erkennen und ändern
- Selbstbewußtsein und Selbstwertgefühl stärken
- Die schon erreichten Erfolge bewußtmachen

Überforderung

- Systematische Planung und neue Zielsetzung
- Genaue Zeiteinteilung
- Nervenkraft stärken, Pausen einlegen
- Motivation durch eigene Ziele und Firmenziele

Ärger

- Nach den Ursachen fragen
- Nervenkraft stärken
- Positive Selbstmotivation, die eigenen Ziele bewußt machen
- Den anderen (Verursacher des Ärgers) bewußt positiv behandeln

Enttäuschung

- Nach den Ursachen fragen
- Selbstbewußtsein stärken
- Lebenswünsche bewußt machen und neue Ziele finden

Sinnlosigkeit

- Nach dem Sinn des Lebens und der Arbeit fragen
- Wünsche bewußt machen und daraus neue Ziele bilden
- Bewußt Dinge tun, die mit Lebensfreude zusammenhängen
- Den Wert der Aufgabe erhöhen

Fehlende Anerkennung

- Nach den Ursachen fragen
- Die Ursachen zuerst bei sich selbst suchen
- Die eigenen Ziele überprüfen

Schuldgefühle

- Die Ursachen erkennen
- Neue Ziele
- Positive Selbstmotivation

Fehlende Unterstützung durch den Partner

- Gemeinsame Ziele finden
- Den anderen mit in die tägliche Arbeit und die auftretenen Probleme einbeziehen

IX.

Mit Gedanken arbeiten

Es ist nicht unsere Aufgabe im Leben, andere zu übertreffen, sondern uns selbst zu übertreffen – unsere eigenen Rekorde zu brechen, das Gestern durch das Heute zu übertreffen, unsere Arbeit mit größerer Kraft als je zuvor zu tun.

STEWART B. JOHNSON

HANDELN!

Wissen allein nützt nichts! Handeln müssen Sie! Viele Menschen wissen zwar, wie gefährlich negatives Denken für sie sein kann, aber sie versuchen nicht, sich diesen Gedanken zu entziehen. Hier hilft Ihnen nur eins: Sie müssen Macht über diese negativen Gedanken gewinnen. Sie müssen anfangen, ganz bewußt positiv zu denken! Jeder Gedanke, jede Vorstellung, die vor Ihrem „Inneren Ich" auftaucht, muß bewertet werden: „Schadet sie mir, oder nützt sie meiner Entwicklung, nützt sie meinem Erfolg?"
Schadet Sie Ihnen, lenken Sie sofort Ihre Aufmerksamkeit auf das Gegenteil. Dadurch schaffen Sie in Ihrem „Inneren Ich" eine neue positive Gegenvorstellung, die dann von sich aus die negativen Gedanken verdrängt.

Je länger und intensiver Sie diesen Vorgang betreiben, umso stärker werden die positiven Vorstellungen, dann siegt das Positive über das Negative!
Erinnern Sie sich hier noch einmal an das vorangegangene Kapitel, in dem wir ja schon mit dieser Technik begonnen haben. Das wichtigste Hilfsmittel ist hier Ihre Aufmerksamkeit. Je mehr Sie Ihre Aufmerksamkeit auf eine Sache, ein Gefühl oder auch auf einen bestimmten Zustand richten, je mehr Sie sich darauf konzentrieren, umso stärker und umso deutlicher wird dieser Zustand.
Also muß es Ihr Streben sein, Ihre Aufmerksamkeit immer und immer wieder auf eine bestimmte Vorstellung zu lenken, so lange, bis diese Vorstellung auch wirklich eintritt.

DIE MACHT DER SUGGESTION

Sie wissen, daß Vorstellungen in unserem Inneren sehr leicht durch äußere Einflüsse entstehen können. Denken Sie hier bitte noch einmal an die Werbung, die ja mit dieser Technik – und das sehr erfolgreich – arbeitet.
Wenn das eintritt und Sie sich nicht mit Ihrem Willen dagegen wehren – wenn es Ihnen zum Beispiel gar nicht bewußt wird – so fließen die dadurch geschaffenen Vorstellungen ungehindert in Ihr Unterbewußtsein. Findet diese Beeinflussung, wir können hier auch von einer Art Suggestion sprechen, über eine längere Zeit statt und ist sie stark und überzeugend, dann entstehen in Ihrem Unterbewußtsein so starke Vorstellungen, daß Ihr Wille gegenüber dieser Suggestion machtlos ist. Sie reagieren automatisch nach diesen Vorstellungen. Natürlich muß dazu diese Suggestion absolut klar und eindeutig sein.

Das Autogene Training ist dafür ein gutes Beispiel. Hier erzeugen Sie durch Worte und die damit verbundenen Vorstellungen ganz bestimmte Zustände in Ihrem Körper. Da heißt es zum Beispiel: „Rechter Arm ganz schwer ... oder Herz schlägt ganz ruhig und gleichmäßig ... das Sonnengeflecht strömend warm ...“

Wiederholen Sie diese Worte und die damit verbundenen Vorstellungen immer wieder, dann tritt die Reaktion des Körpers mit einem Mal ein. Ihre Gedanken lassen keinen anderen Zustand zu, außer den der Übung.

Erinnern Sie sich dazu bitte noch einmal an unser 5. Kapitel und an folgenden Versuch:

„Eine weitere Übung, die Ihnen sehr schnell zeigen kann, wie sehr unsere Gedanken auf unseren Körper einwirken, läuft folgendermaßen ab: Stellen Sie sich im Abstand von ca. 15 cm an eine Wand. Jetzt schließen Sie Ihre Augen und stellen sich vor, Sie seien ein Schilfrohr an einem See. Stellen Sie sich vor, wie der Wind Sie langsam hin und her wiegt. Stellen Sie sich das ganz intensiv vor. Sie werden sehr schnell merken, wie Sie tatsächlich anfangen, hin und her zu schwingen.

Wenn Sie sich dann in der zweiten Stufe dieser Übung ganz intensiv vorstellen, daß jetzt der Wind von vorne kommt und Sie immer weiter nach hinten drückt, dann ist der Zeitpunkt nicht mehr weit, und Sie fallen wirklich nach hinten. Ihr Körper führt das aus, was Sie ihm durch Ihre Gedanken vermitteln. Je intensiver und genauer der Befehl an Ihr „Inneres“ ist, um so genauer ist auch die Ausführung.“

Sie erkennen bei diesem Versuch noch einmal sehr deutlich, wie schnell Gedanken auf den Körper und seine Steuerungszentrale einwirken können.

Handelt es sich also darum, durch Suggestionen Vorstellungen in uns zu schaffen, die negativen Gedanken und

Überzeugungen entgegentreten sollen, so müssen diese so beschaffen sein, daß sie ein absolut positives Bild in unserem Unterbewußtsein hervorbringen können. Es darf keine Doppeldeutung möglich sein, außerdem muß der Suggestion jeder Zweifel fehlen.

Die Vorstellung, die durch eine richtig gegebene Suggestion entsteht, muß das, was in der Zukunft geschehen soll, als Tatsache darstellen und nicht nur als „vielleicht" möglich.

VORSTELLUNGEN EINSETZEN

Bei dieser in Gedanken ausgeführten Selbstbeeinflussung müssen Sie also Ihre Aufmerksamkeit solange auf ein bestimmtes Ergebnis, einen bestimmten Zustand lenken, bis Sie eine innere Überzeugung, einen Glauben an das, was eintreten soll, empfinden. Stärken Sie diese Vorstellung, indem Sie sich immer wieder auf dieses Ereignis, diesen Zustand konzentrieren, so kommt der Glaube ganz von selbst! Durch Ihr Denken muß eine ganz bestimmte Vorstellung gebildet werden, ein absolut naturgetreues geistiges Bild dessen, was Sie sich wünschen.

Um das zu erreichen, bedienen Sie sich Ihrer Fantasie, Ihrer Einbildungskraft. Sie müssen sich also das, was Sie erreichen wollen, regelrecht einbilden. Je stärker, je intensiver Sie das tun, um so stärker wird dann diese Vorstellung in Ihnen.

Fühlen Sie sich krank und elend, dann stellen Sie sich in Ihrer Fantasie immer wieder vor, wie gesund und lebensfroh sie sind!

Fehlt es ihnen an Selbstvertrauen, dann stellen Sie sich

immer wieder vor, wie Sie voller Kraft und Energie alle Hindernisse meistern.
Sehen Sie das Leben ohne Sinn und Ziel, dann stellen Sie sich immer wieder vor, wie schön es ist, wenn Sie wieder ein Ziel erkennen und einen Sinn im Leben sehen.
Haben Sie Angst vor einer kommenden Prüfung oder Belastung, stellen Sie sich immer wieder vor, wie Sie diese Situation, die Prüfung oder die Aufgabe, meistern.
Immer wieder müssen Sie das, was Sie erreichen wollen, vor Ihrem geistigen Auge sehen. Immer wieder, auch wenn negative Gefühle oder Zweifel in Ihnen aufkommen wollen. Von diesem einen Gedanken dürfen Sie nicht ablassen.

WENN ES UM HÖCHSTLEISTUNGEN GEHT

In unserer Arbeit mit Hochleistungssportlern waren Vorstellungsübungen eine der wichtigsten Grundlagen für den Erfolg.
Bei diesem Training stellt sich der Athlet immer wieder vor, wie er am Tag X, bei der Olympiade, bei der Weltmeisterschaft seine optimale Form hat. In seinen Vorstellungen sieht er sich am Start, voller Begeisterung, mit hundertprozentiger Kondition und Konzentration. Alles stimmt, alles geht, er wird sein Ziel erreichen.
Der Sieg hängt jetzt nur noch von dem bißchen Glück ab, das jeder von uns im Leben braucht. Aber alle Voraussetzungen hat er erfüllt.
In ihrem Buch „Leichter lernen ohne Streß“ berichten die Autoren Ostrander und Schroeder von den mentalen Trai-

ningsmethoden sowjetischer und amerikanischer Spitzensportler:
„Zum Geheimnis dieses Erfolgstrainings gehört, daß man lernt, begangene Fehler und die Angst vor einer Niederlage psychisch zu löschen und sich das erfolgreiche Ergebnis einer Tätigkeit vorzustellen. Man sagt sich im Geiste nicht vor, was man erreichen möchte, sondern, daß man bereits hat, was man möchte.“
Nach Ansicht westlicher Experten hat das psychische Training den sowjetischen Sportlern dazu verholfen, Spitzenleistungen zu vollbringen und die meisten olympischen Goldmedaillen zu gewinnen. Professor Richard Suinn, Vorstand des Instituts für Psychologie an der Colorado State University, stellte fest: Die sowjetischen Sportler machen aus dem Wettkampf eine Karriere, und sie betrachten die Psyche als entscheidend für den sportlichen Erfolg.“
Aber nicht nur in Amerika und in den Ländern der ehemaligen Sowjetunion trainieren die Sportler mental. Heute gehört mentales Training zu jeder Spitzenleistung im Sport dazu. Ein gutes Beispiel dafür sind auch unsere Tennisasse Steffi Graf und Boris Becker.
Boris Becker spricht in Interviews immer wieder darüber, das letztendlich der Kopf das Match gewonnen oder verloren hat und Steffi Graf sagte in einem Interview, daß sie von Ihrem Trainer Heinz Günthardt das „positive Denken“ gelernt hat.
Heute können wir zurecht sagen, daß es im Hochleistungssport ohne geistiges Training keine Spitzenleistung mehr gibt, und vielleicht wird sich mit diesen Techniken in der Zukunft eine noch viel größere Leistungssteigerung erreichen lassen als mit den heute so oft verwendeten Dopingmitteln. Die Ansätze dazu lassen sich schon heute sehr genau erkennen.

IN GEDANKEN AM ZIEL SEIN

In unserem VII. Kapitel, als es darum ging, wie Gedanken wirken, habe ich Ihnen das Beispiel des amerikanischen Golfer Jack Niclaus aufgezeigt. Er behauptet ja, daß er seinen Erfolg einzig und allein seinen Konzentrations- und Vorstellungsübungen zu verdanken habe. Seine entscheidenden Aussagen dabei sind: „Zuerst sehe ich den Ball dort, wo ich ihn hinbefördern möchte!"
Hier haben Sie die gedankliche Konzentration auf das Positive, auf das Ziel, auf das, was der Sportler hier erreichen will. Das Gegenstück dazu, die Auswirkungen negativer Vorstellungen, beschreibt er so: „Im Geiste sieht er, wie sein Ball an der ungünstigsten Stelle landet. Er kann jeden beliebigen Schläger verwenden, er kann den Ball weit oder kurz schlagen; solange er vom Gedanken an das Hindernis beherrscht wird, nimmt der Ball unweigerlich seinen Weg dorthin. Je mehr er versucht, seinen Willen zu Hilfe zu rufen, desto schlimmer wird seine Lage."
Sie sehen an diesem Beispiel deutlich, wie umfassend Vorstellungen uns nützen, aber auch schaden können. Die positive Kraft der Vorstellung in den Griff zu bekommen, ist jetzt eine wichtige Aufgabe für Sie und wird dann eine ganz entscheidende Hilfe für Ihren Lebenserfolg sein.

ERFOLG DURCH GEDANKEN?

„Zuerst sehe ich das, was ich erreichen will!" In diesem einen Satz liegt der Schlüssel zum Erfolg dieser Trainingsmethode!
Wir müssen uns auf das konzentrieren, das wir erreichen wollen!

Wir müssen uns in Gedanken vorstellen, wie wir unser Ziel erreicht haben!
Wir müssen uns vorstellen, wie wir eine Aufgabe, eine Arbeit, eine wichtige Prüfung erfolgreich gemeistert haben.
Das ist das Erfolgsgeheimnis. Das realitische Ergebnis ganz deutlich vor sich sehen.
Und Sie? Vergleichen Sie bitte einmal diese Aussagen mit dem, was Sie bisher gehört haben. Mit den vielen Beispielen über die Kraft unseres Bewußtseins und unserer Gedanken und mit den „sich selbst erfüllenden Prophezeiungen".
Erinnern Sie sich einmal an die Dinge, die Ihnen immer wieder Schwierigkeiten bereiten. Rufen Sie sich die Ereignisse ins Gedächtnis, die Mißerfolge nach sich zogen. Denken Sie an die Situationen, die schiefgegangen sind.
Denken Sie hier auch an „Ihre Selbstmotivation", bei der Sie auch schon mit der gleichen Technik gearbeitet haben. Schon hier war es unser Ziel, unsere Aufmerksamkeit ganz bewußt auf das zu lenken, was wir erreichen wollen.
Jetzt wollen wir diese Technik ganz systematisch zum Erreichen dieser Ziele einsetzen. Aber auch um die Persönlichkeit zu stärken, innere Sicherheit aufzubauen und Probleme, Hemmungen, Ängste und Sorgen zu überwinden.

SO TUN, ALS OB!

Ja, es ist richtig, Sie müssen wirklich so tun, als ob eine gewünschte Situation, ein gewünschter Zustand, ein gewünschtes Ergebnis schon eingetreten ist. Als ob Sie das schon erreicht haben, von dem sie im Augenblick eigentlich nur träumen.

Sagen Sie jetzt nicht, daß es Unsinn ist, sich zum Beispiel Selbstvertrauen einzureden, wenn wir im Moment voller Angst zittern.
Gewiß scheint es im ersten Augenblich recht unwahrscheinlich, und doch wird die Vorstellung „Ich trete selbstbewußt und sicher auf" oder „Ich bin ganz entspannt und ruhig" die Angst und das Zittern verschwinden lassen, vor allem dann, wenn Ihre Vorstellung stark genug ist.
Oscar Schellbach schreibt dazu in seinem „Erfolgs-System":
„Haben Sie schon einmal etwas von Fakiren gehört? Nun, viele von denen bringen es infolge ihrer Einbildungskraft, also durch Autosuggestion, fertig, sich vollkommen gefühllos zu machen. Sieht man als Uneingeweihter ein derartiges Experiment, z. B. Durchstechen des Armes mit einem Dolch, so glaubt man Wunder zu erleben.
Nicht doch, alles ist ganz natürlich, und jene Leistung kann jeder nachmachen, der sich die Macht der Autosuggestion zunutze macht. Der Vorgang ist höchst einfach: Einen Schmerz haben wir nämlich nur dann, wenn er uns durch eine Vorstellung zum Bewußtsein kommt. Das kann nur der Fall sein, wenn die Vorstellung unsere Aufmerksamkeit findet. Ist das nicht der Fall, so fühlen wir keinen Schmerz.
Bilden wir uns nun ein, daß wir tatsächlich keinen Schmerz haben, so steht natürlich diese Vorstellung (von der Schmerzlosigkeit) im Vordergrunde unseres Denkens und die durch die Durchbohrung des Körpers entstandene Beeindruckung der Sinne (Schmerzgefühl) findet durch die Ablenkung der Aufmerksamkeit keine Kraft, um sich im Bewußtsein durchzusetzen."
Je mehr Sie Ihre Aufmerksamkeit auf einen Zustand richten, um so stärker wird er, richten Sie Ihre Aufmerk-

samkeit auf das Gegenteil, so ist es eine Frage der Zeit, bis dieser Zustand schwächer wird und sogar ganz verschwindet.

KEINE HOFFNUNG, DIESE WORTE GIBT ES FÜR SIE NICHT MEHR!

Nicht nur nervöse Leiden, Angst und Hemmungen lassen sich mit diesem Training beseitigen, nein, sondern auch organische Krankheiten. Denken Sie nur an die vielen durch den Glauben ermöglichten Heilungen Kranker.

Auch Ihnen wird sicher manche durch den Glauben bewirkte Heilung bekannt sein. Ihr Verstand mag sich weigern, aber Sie wissen, daß man zum Beispiel Warzen und Rosen besprechen kann. Immer ist die heilende Kraft eine entsprechende Vorstellung. Dabei ist es gleichgültig, durch was diese Vorstellung geweckt wird, immer ist es die Überzeugung, daß man gesund wird, die dieses kleine Wunder bewirkt. Heilen kann in jedem Fall nur eine Kraft, die „heilende Kraft in uns".

Alle äußeren Mittel sind nur dazu notwendig, um ein geistiges Bild der Gesundheit zu schaffen, das diese heilende Kraft anregt. Versagt diese innere Kraft, dann kann selbst hohe ärztliche Kunst nicht helfen. Aktivieren Sie diese Kräfte, schaffen Sie die beste Unterstützung für jede Therapie.

Sie kennen die Vielzahl psychosomatischer Krankheiten, die nun wirklich keine Einbildung sind. Selbst schwerste Krankheiten können ausgelöst werden, wenn man sich ständig mit einer Krankheit und den dazugehörenden Symptomen beschäftigen.

Kann eine Krankheit aber durch Vorstellungen, vor allem

durch Angst, ausgelöst werden, so kann sie durch entgegengesetzte Vorstellungen zum Stillstand gebracht werden und sogar ganz abheilen. Es kommt nur darauf an, wie stark Sie positive Vorstellungen in Ihrem geistigen Ich beseelen, wie stark die selbstheilende Kraft in Ihnen wirksam wird.

Neben dem großen amerikanischen Philosophen R. W. Emerson war es besonders Prentice Mulford, der die Macht der Vorstellungen betonte:

„Wenn Dein Körper Mängel und Schwächen aufweist, blicke nicht länger auf diese, sondern auf das vollkommene geistige Urbild Deiner selbst.

Bejahe Deinen Körper als Werkzeug des Geistes in allen Zellen, Organen und Gliedern als lebenskräftig und gesund.

Sieh und fühle Dich keinen Augenblick als Kranker, der ans Bett gefesselt ist, auch wenn der Körper vorübergehend in diese Lage geraten ist; sondern sieh Dich im Geiste mit Leib und Seele an einem Spiel oder Wettlauf beteiligt, damit die Lebenskräfte in Dir zu voller Entfaltung und Betätigung angeregt werden.

Bejahe an jedem Morgen besseres Empfinden und Wohlergehen und träume davon bei Tag und Nacht so lange und beharrlich, bis der Traum Wirklichkeit ist“.

ICH WERDE GESUND

Der ist ein wirklich guter Arzt, der in seinem Patienten das Gefühl weckt: „Ich werde gesund“, der damit die „innere heilende Kraft“ in seinem Patienten aktiviert. Aber diese inneren Kräfte können Sie jetzt auch selber aktivieren!

Beschäftigen Sie sich nicht mehr mit Ihrer Krankheit, auch wenn es noch so schwerfällt, sondern beschäftigen Sie sich mit Ihrer Gesundheit. Das Gefühl „Ich werde gesund" muß immer stärker in Ihnen werden, ständig müssen Sie nur an dieses Ziel denken, alles, was Sie täglich tun, muß darauf ausgerichtet sein.

Die Psychologie-Professorin Anne-Marie Tausch spricht in ihrem Buch „Gespräche gegen die Angst" von der Aktivierung der Selbstheilungskräfte im Körper.

Sie sagt: „Mir selbst und anderen Krebspatienten aus unseren Gesprächsgruppen ist klar geworden, daß wir die Möglichkeit haben, durch unsere Seele günstig auf unser Körperbefinden einzuwirken. Das habe ich bei meiner ersten Infusion der Chemo-Therapie erfahren. Ich hatte das vorbeugende Mittel gegen Übelkeit abgelehnt. Statt dessen stellte ich mich innerlich darauf ein, daß die in meine Vene eintropfende Flüssigkeit helfen würde, die Krebszellen in meinem Körper abzutöten.

Ich lag während der Infusion entspannt im Bett und konzentrierte meine ganze Aufmerksamkeit auf diese Vorstellung. Das Gefühl der Übelkeit, das die Ärzte angekündigt hatten, blieb aus.

Für solche Einwirkungen psychischer Kräfte auf den Körper gibt es viele Beispiele. Die neunzehnjährige Roswitha berichtet: Ich habe an mir entdeckt, daß ich mehr Schmerzen habe, wenn ich schlechte Laune oder Ärger gehabt habe. Wenn ich dagegen etwas Schönes vorhabe oder mich über etwas freue, sind die Schmerzen fast weg."

Auch Karen erfährt, daß sie mit einer positiven, seelischen und geistigen Einstellung ihre körperlichen Beschwerden eher ertragen kann. Die Harmonie von Seele und Geist, die ich in mir empfinde, wirkt sich sehr positiv auf meinen Körper aus. Zwar nimmt sie mir nicht meine Schmerzen, aber sie ermöglicht mir eine andere Form des

Erduldens, des Erleidens. Meine Seele hat einen Heilungsprozeß erfahren. Dadurch hat auch mein Körper die allergrößte Chance, gesünder zu werden. Meine Seele ist geistige Kraft, sie ist stärker als mein physischer Körper.

„Ich bin der Krankheit nicht mehr so furchtbar ausgeliefert, sondern tue aktiv etwas für mich."

„Es ist so ungeheuerlich, was Körper, Kopf und Seele da plötzlich zu tun bekommen", schreibt mir eine Fünfundsechzigjährige, deren Krebsoperation fünfzehn Jahre zurückliegt.

Seelische und körperliche Vorgänge hängen häufig zusammen und können sich gegenseitig beeinflussen. Ich denke, dies könnte in der Medizin noch stärker berücksichtigt werden. Für mich wird immer wichtiger, anstelle von Wissen „Weisheit" zu setzen, mehr auch meiner Intuition zu vertrauen und nicht nur sogenannten Fakten, mehr Kontakt aufzunehmen zu meiner inneren Welt und nicht nur zur äußeren. Ich erlebe bei mir, daß ich mich bei diesem Weg nach innen wohler, gesünder fühle und daß die körperliche Erkrankung an Bedeutung verliert.

Menschen, die sich stärker auf sich selbst besinnen und ihre seelischen Kräfte spüren, erfahren häufig, daß die medizinischen Behandlungsmöglichkeiten nicht mehr ihr einziger Rettungsanker sind. Sie sehen deutlich die Begrenztheit mancher medizinischer Methoden oder die Beeinträchtigungen, die sie durch sie erfahren: „Ich habe erfahren, daß es noch mehr Möglichkeiten für mich gibt, als nur die übliche Medizin."

Ich glaube, Sie erkennen jetzt immer deutlicher, daß Sie einer Krankheit, sei sie auch noch so schwer und grausam, nicht hilflos ausgeliefert sind. Sie selbst müssen in Ihrem Innern die Grundlage für eine Veränderung, einen Stillstand und eine Heilung schaffen. Das ist aber nur dann möglich, wenn Sie nicht verzweifeln, sondern die Situation und die Chancen erkennen und Ihrem Leben wieder einen Sinn und einen Inhalt geben. Auch in dieser schweren Zeit ist der Glaube an die eigene Kraft und an die Kraft positiver Gedanken der Weg zu einer Wandlung.

Wir haben schon im 5. Kapitel über den amerikanischen Arzt Carl O. Simonton und seine Frau gesprochen, die in ihrer Behandlung von Krebspatienten erfolgreich mit mentalem Training, mit Vorstellungsübungen arbeiteten. In einer Statistik berichten sie, daß bei fast 70 Prozent der von ihnen behandelten Patienten entweder alle Krankheitsanzeichen verschwanden, Tumore sich zurückbildeten oder sich der Zustand stabilisierte und nicht weiter verschlechterte.

Bei ihrem Übungsprogramm stellen sich die Patienten in entspanntem Zustand ganz bestimmte Abläufe im Körper vor, mit dem Ziel, durch diese Vorstellungsübungen die selbstheilenden Kräfte im Körper zu aktivieren.

Simonton rät seinen Patienten, den nachfolgenden Text auf eine Cassette sprechen zu lassen und diese dreimal täglich im entspannten Zustand anzuhören:

„Ziehe dich in ein stilles Zimmer mit gedämpftem Licht zurück. Sorge dafür, daß du nicht gestört bist. Setz dich in einen bequemen Stuhl, stelle die Füße flach auf den Boden, schließe die Augen.

Rufe dir ins Bewußtsein, daß du atmest. Atme ein paarmal tief ein, und jedes Mal, wenn du ausatmest, sprich im Geist das Wort ‚Entspanne'.

Konzentriere dich auf dein Gesicht und spüre die Spannung in Gesichts- und Augenmuskulatur. Stelle dir diese Spannung bildlich vor – als Seil mit einem Knoten oder als geballte Faust –, und dann stelle dir weiter bildlich vor, wie sie lockerer und lockerer werden, bis sie einem schlaffen Gummiband oder einem leeren Handschuh gleichen.

Fühle, wie sich dein Gesicht und deine Augen entspan-

nen. Fühle, wie die Entspannung sich wie eine Welle über deinen Körper ausbreitet.
Presse die Augenlider fest aufeinander und spanne dabei deine Gesichtsmuskeln, nun lasse sie wieder locker. Jetzt spüre, wie sich die Entspannung deinem ganzen Körper mitteilt.
Nun gleite langsam Stück für Stück deinen Körper entlang: Kiefern, Hals, Schultern, Rücken, Ober- und Unterarme, Hände, Brust, Unterleib, Waden, Füße –, bis jeder Körperteil völlig entspannt ist.
Stelle dir jedesmal die Spannung bildlich vor. Und stelle dir vor, wie sie sich langsam löst. Nun bist du entspannt.
Nun stelle dir vor, du befindest dich in einer schönen Gegend wo immer es dir gefällt. Male dir in deiner Vorstellung alle Einzelheiten von Farbe, Klang und Struktur dieser Landschaft aus.
Fahre damit fort und sieh dich selbst, völlig gelöst, an diesem schönen Ort, zwei bis drei Minuten lang.
Jetzt stelle dir den Krebs entweder in realistischer oder symbolischer Gestalt vor.
Denke daran, daß der Krebs aus schwachen, ungeordneten Zellen besteht. Erinnere dich daran, daß der Körper im Laufe unseres Lebens krebsige Zellen zu tausenden zerstört.
Während du dir den Krebs bildlich vorstellst, mache dir klar, daß du dein körpereigenes Abwehrsystem stärken mußt, wenn du wieder gesund werden willst.
Machst du zur Zeit eine medizinische Therapie gegen Krebs durch, so stelle dir auf deine Weise vor, wie die Mittel in deinen Körper eindringen.
Wirst du mit Strahlen behandelt, stelle dir einen Strahl aus Millionen von Energiekügelchen vor, der jede Zelle auf ihrem Weg vernichtet. Normale Zellen sind imstande, den ihnen zugefügten Schaden zu reparieren, doch die

krebsigen Zellen nicht, da sie schwach sind. (Dies ist einer der fundamentalen Fakten, auf denen die Strahlentherapie basiert).

Wirst du mit Chemo-Therapie behandelt, dann stelle dir vor, wie das Medikament in deinen Körper und deine Blutbahnen eindringt. Stelle dir das Medikament als giftig vor. Die normalen Zellen sind intelligent und stark und nehmen das Gift nicht so bereitwillig auf. Doch die Krebszelle ist schwach, und so ist sie leicht umzubringen. Sie absorbiert das Gift, stirbt ab und wird aus dem Körper hinausgeschwemmt.

Stelle dir bildlich vor, wie sich deine weißen Blutkörperchen in jene Körperzone begeben, wo sich Krebs gebildet hat, wie sie die anormalen Zellen entdecken und sie zerstören – ein riesiges Heer von weißen Blutkörperchen.

Sie sind sehr stark und angriffslustig. Sie sind auch gewitzt. Die Krebszellen können mit ihnen nicht konkurrieren! Die weißen gewinnen die Schlacht.

Stelle dir bildlich vor, wie der Krebs schrumpft. Sieh es vor dir, wie die abgestorbenen Zellen von den weißen Blutkörperchen fortgetragen und durch Leber und Nieren aus dem Körper gespült und mit Urin und Stuhl hinaustransportiert werden. Stelle dir den schrumpfenden Krebs so lange vor, bis er völlig verschwunden ist.

Sieh dich jetzt selbst, mit mehr Energie und größerem Wohlgefühl. Du fühlst dich im Kreis der Familie geliebt und geborgen, während der Krebs schrumpft und schrumpft und schließlich verschwindet.

Leidest du an irgendwelchen körperlichen Schmerzen, dann stelle dir vor, wie das Heer der weißen Blutkörperchen an jene Stelle strömt und den Schmerz besänftigt.

Welches Problem dir auch zusetzen mag, erteile deinem Körper den Befehl, sich selbst zu heilen.

Stelle es dir bildlich vor, wie dein Körper gesund wird.

Sieh dich selber von Leiden befreit, voll Energie und gesund.
Stelle dir bildlich vor, wie du deine Lebensziele erreichst, daß es deinen Familienangehörigen gutgeht, daß sich die Beziehungen zu den Menschen in deiner Umgebung vertiefen.
Denke daran: Wenn zwingende Gründe es erfordern, daß du gesund sein mußt, dann fühlst du dich auch gesund.
Nutze daher diese Minuten, um zu klären, was dir in deinem Leben wirklich wichtig ist.
Klopfe dir im Geist lobend für deine persönliche Mitarbeit bei deiner Heilung auf die Schulter.
Lockere jetzt deine Augenlider und werde dir wieder bewußt, daß du dich in deinem Zimmer befindest. Nun öffne die Augen. Du bist wieder einsatzbereit und kannst deine gewohnte Tätigkeit aufnehmen.
Mache dir keine Sorgen, wenn du nicht imstande bist, Bilder zu ‚sehen'.
Es genügt, wenn du sie zu ‚spüren' oder zu ‚denken' oder dir ‚einzubilden' vermagst. Und sollten deine Gedanken während der Übung abschweifen, dann fange sie dir das nächste Mal sanft wieder ein, ohne zu streng mit dir selbst ins Gericht zu gehen.
Leser dieses Buches, die an anderen Krankheiten leiden, können diese entspannte Visualisierung zur Bewältigung ihrer Krankheiten oder Schmerzen einsetzen, indem sie sich statt der Krebserkrankung ihre eigene Krankheit, die medizinische Therapie, die sie erhalten, und ihre körpereigenen Abwehrvorgänge und natürlichen Heilprozesse bildlich vorstellen.
Wenn Sie zum Beispiel an einem Magengeschwür leiden, könnten Sie sich die Erkrankung als eine kraterförmige offene Wunde an der Innenwand Ihres Magens oder Darms vorstellen.

Die Therapie können Sie als ein die ganze Stelle bedekkendes Heilmittel visualisieren, das die überschüssige Säure neutralisiert und das Geschwür besänftigt.
Nun stellen sie sich vor, wie normale Zellen eindringen, sich verdoppeln und sich immer weiter teilen und die offene Wunde schließen.
Stellen Sie sich vor, daß die weißen Blutkörperchen die Fläche von allen Schlacken säubern, so daß die Magenwände wieder rosa und gesund aussehen.
Leiden Sie zum Beispiel an Arthritis, stellen Sie sich zunächst ihre schmerzenden, an der Oberfläche mit kleinen Körnern bedeckten Gelenke vor. Dann sehen sie ihre weißen Blutkörperchen heranmarschieren. Sie räumen mit allen Schlacken auf, sammeln die Körnchen ein und glätten die Gelenkoberfläche.
Danach sehen sie sich selbst voller Aktivität; Sie tun, was Sie tun möchten, und fühlen sich freier von Gelenkschmerzen."
Entscheiden Sie selbst, ob Sie diese Automationsübung und die Suggestionen in unserer Praxis für die Unterstützung einer Therapie und zu Ihre Heilung einsetzen. Sprechen Sie mit Ihrem Arzt über die Möglichkeiten, wie Sie Ihre Selbstheilungskräfte weiter aktivieren können.
„Ich werde gesund" kann für Sie Wirklichkeit werden, wenn Sie ein Ziel haben und an Ihre geistigen Kräfte glauben!

GEFÜHLE ANSPRECHEN, VORSTELLEN, WIEDERHOLEN!

Diese Worte zeigen uns jetzt den Weg zu einer Technik, zum „mentalen Training", das uns in jeder Situation, sogar in fast ausweglosen Situationen, eine großartige Hilfe

sein wird. Durch die Kenntnis der Arbeit unseres Unterbewußtseins erkennen wir, wie wir das mentale Training für unseren Erfolg einsetzen können.
Erinnern Sie sich hier noch einmal an das Kapitel, als wir über das Bewußtsein und die Kräfte in uns gesprochen haben. Wir haben erkannt, daß nur ein kleiner Teil unseres gesamten Wissens uns bekannt und uns somit auch bewußt ist. Das meiste ruht tief in uns in unserem Unterbewußtsein.
Das Unterbewußtsein ist die eigentliche Zentrale in uns, unsere automatische Schaltzentrale!
Denken Sie noch einmal an das Beispiel vom Autofahren: Bei der ersten „praktischen Fahrstunde" haben viele gezweifelt und waren der Meinung, nie richtig Auto fahren lernen zu können.
Und heute? Alles läuft völlig automatisch und perfekt ab. Ja so perfekt, daß wir stundenlang fahren können, uns dabei entspannen und mit den Gedanken vielleicht ganz woanders sind. Der Steuerungsmechanismus, der „Fahrer in uns", erledigt das perfekt und völlig automatisch.
So wie bei diesem Beispiel geht es uns mit allen Fähigkeiten, die wir beherrschen. Ob es da um die Fähigkeiten unseres Berufes geht, um die verschiedenen Sprachen, die wir beherrschen, um das kleine 1 x 1 oder um die Fähigkeit zu laufen – alles das sind „Programme" in uns – genauso wie natürlich auch die perfekte Rückhand beim Tennis.
In unserer Steuerungszentrale sind unzählige solcher Programme gespeichert, „positive Programme", die uns nutzen und uns erfolgreich machen – genauso aber auch viele „negative Programme". Diese Programme können uns blockieren, lähmen, krankmachen und uns um den Erfolg bringen.
Und genau um diese Programme geht es uns jetzt, denn

werden Sie einmal angestoßen, eingeschaltet, laufen sie völlig automatisch ab, und wir können all zu oft nichts mehr dagegen tun!

Für uns und damit für unseren Erfolg ist jetzt entscheidend, wie solche „Programme“ in unsere Steuerungszentrale gelangen. Durch Wiederholung, durch ständiges Training haben wir die verschiedenen Programme in unserem Unterbewußtsein verankert. Auch bei allen anderen Fähigkeiten, die wir beherrschen, war das so – wir haben sie trainiert, immer und immer wieder wiederholt.

Und was ist bei negativen Programmen, bei den verschiedenen Hemmungen, Blockaden und Ängsten? Auch hier haben wir in der Vergangenheit oft mit einer ständigen Wiederholung gearbeitet. Der Weg in unsere „innere Steuerungszentrale“ ist also einmal die Wiederholung.

DER WEG ÜBER DIE GEFÜHLE

Aber es gibt noch einen anderen Weg in das Unterbewußtsein. Einen Weg, der uns in vielen Fällen gar nicht richtig bewußt wird. Und dieser Weg geht über unser Gefühl. Alles, was unser Gefühl anspricht, spricht auch unser Unterbewußtsein ganz direkt an. Der Grund liegt in dem Aufbau unseres Unterbewußtseins, das eben nicht so logisch und rational arbeitet, wie wir uns das immer wieder vorstellen. Das Unterbewußtsein spricht in tiefen Schichten eine völlig andere Sprache, eine Sprache der Bilder, der Farben und der Musik.

Wird diese Sprache eingesetzt, wie es zum Beispiel immer wieder in der Werbung gemacht wird, dann prägt sich das sehr leicht in unserem Unterbewußtsein, in unserer Steuerungszentrale ein. Wenn dann ein bestimmtes Bild

immer wieder aufs neue wiederholt wird, dann ergibt das nach kurzer Zeit – abhängig von der Stärke der Wiederholung – ein neues Programm, das uns völlig automatisch steuern kann. Denken Sie noch einmal an die Werbung, die diese Technik in der Perfektion beherrscht.
Der Weg in das Unterbewußtsein, in die Steuerungszentrale des Menschen, führt zum einen über die Wiederholung und zum anderen über die Arbeit mit Vorstellungen und dem Gefühl. Hier haben wir auch die Praxis des mentalen Trainings. Wie weit diese Technik führen kann, das haben Sie sicher schon erkannt. Die verschiedenen Bereiche, in denen Sie ein mentales Training einsetzen können, sind folgende:

- Streßabbau
- Überwindung von Tiefpunkten
- Das Finden von neuen Lebenszielen
- Abbau von Überspannung
- Überwindung von verschiedenen Hemmungen
- Abbau von Angst
- Stärkung der körperlichen Leistungsfähigkeit
- Stärkung der geistigen Leistungsfähigkeit
- Verbesserung der verschiedensten Fähigkeiten
- Erhaltung und Verbesserung der Gesundheit
- Selbstmotivation

In unserer Praxis zu diesem Kapitel werden wir diesen Bereich noch einmal ansprechen. Beschäftigen Sie sich dazu aber noch einmal mit Ihren Zielen und den Ursachen, die Sie zum Erreichen Ihrer Ziele brauchen. Durch mentales Training können Sie die notwendigen Fähigkeiten entscheidend verbessern und Hemmungen, Belastungen und Störungen leichter abbauen.

BEFEHLE AN DAS UNTERBEWUSSTSEIN

Eine weitere Verstärkung der Beeinflussung Ihres „geistigen Ichs“ muß dann erfolgen, wenn Sie das Gefühl haben, gegen die negativen Vorstellungen, Auswirkungen und Einflüsse auf dem bisher von mir beschriebenen Weg nicht anzukommen.

In diesem Fall müssen Sie die rein gedankliche Beeinflussung durch gesprochene Worte wie bei der Selbstmotivation ergänzen. Das gleiche, was Sie bisher nur gedacht haben, wird jetzt ausgesprochen, nicht laut, aber doch für Ihre Ohren deutlich hörbar.

Fassen Sie dazu das, was Sie erreichen wollen, was Ihr Wunsch und Ihr Ziel ist, in einer kurzen und klaren Formel zusammen.

Zum Beispiel: „Ich bin in jeder Situation gelassen und ruhig“; „Meine Konzentrationsfähigkeit verbessert sich immer mehr“; „Ich erkenne meine Lebensziele immer klarer und deutlicher“; „Mein Auftreten ist frei und sicher“ …

Diese Formeln sagen Sie sich, mit festem Vertrauen auf die Wirkung, mehrmals am Tag vor. Wichtig ist hierbei, daß Sie fest davon ausgehen, daß es so kommt, wie Sie es sagen.

Je mehr Überzeugung Sie in Ihre Stimme, in Ihren Ausdruck legen, um so stärker wird die Vorstellung, um so eher tritt der gewünschte Zustand ein.

Setzen Sie voraus: „Ganz selbstverständlich ist es so, kommt es so, wie Sie es sagen! Nicht weil Sie es so wollen, sondern weil es so ist!“

Wie bei dem Autogenen Training sprechen Sie mit dieser Gedankeneinstellung die von Ihnen ausgewählten oder zusammengestellten Formeln.

Bei dieser Selbst- oder Autosuggestion ist eine regel-

mäßige Anwendung sehr wichtig. Legen Sie dazu eine möglichst genaue Zeit fest, in der Sie ungestört die Suggestion durchführen können. Die beste Zeit für die Suggestion ist morgens nach dem Aufstehen und abends vor dem Einschlafen.
Sprechen Sie sich die Formel konzentriert und schnell zwanzig bis fünfundzwanzig Mal vor. Das schnelle Hersagen der Suggestionsformel ist besonders wichtig, da dadurch Ihre Aufmerksamkeit nicht durch einen entgegengesetzten Gedanken abgelenkt wird.

DAS GEHEIMNIS DER KNOTENSCHNUR

„Es ist leicht gesagt, schnell und ohne an etwas anderes zu denken, 20 bis 25 Mal ein und dieselbe Suggestionsformel herzusagen; woher soll ich denn wissen, daß ich die Formel 25 Mal gesagt habe!" Diese Frage können Sie zu Recht stellen, denn wenn Sie bei der Selbstbeeinflussung auch noch die Anzahl der Wiederholungen kontrollieren müssen, ist Ihre Aufmerksamkeit schon abgelenkt.

Einer der Begründer der „bewußten Autosuggestion", Emile Coué, gibt dazu einen guten Rat. Er sagt: „Nimm einen Bindfaden, mache 20 Knoten hinein und sage Dir dann morgens, mittags und abends: Es geht mir jedem Tag, in jeder Hinsicht immer besser und besser."
Was Sie als Kontrolle nehmen, ist egal. Wenn Sie mit der bewußten Selbstbeeinflussung beginnen, kommt Ihnen schon die richtige Idee.

DER CASSETTENREKORDER: EIN IDEALES HILFSMITTEL

Ein weiteres, gutes Hilfsmittel zur Selbstbeeinflussung schaffen Sie sich durch den Einsatz eines Cassettenrekorders. Mit ihm können Sie zu jeder Zeit, sogar in der Nacht, eine wirkungsvolle Beeinflussung durchführen.
Wenn Sie sich diese Möglichkeit selbst schaffen wollen, brauchen Sie dazu nichts weiter als einige Endloscassetten und eine elektrische Schaltuhr. Die Endloscassetten haben den großen Vorteil, daß sie im Gegensatz zu den normalen Cassetten keine begrenzte Spielzeit haben und auch nicht umgedreht werden müssen. Dadurch kann eine Beeinflussung auch über eine längere Zeit als nur 30 oder 45 Minuten erfolgen. Besprechen Sie die Cassette mit Ihrer Suggestionsformel und lassen Sie sie zu jeder nur möglichen Zeit leise laufen.
In der Nacht können Sie mit dieser Technik weiterarbeiten. Schalten Sie Ihren Rekorder mit einer Schaltuhr ca. zwei Stunden nach dem Einschlafen ein, lassen Sie das Band für eine Stunde leise laufen. Obwohl Sie schlafen, nimmt Ihr Unterbewußtsein den Text der Übung auf und verankert ihn immer mehr. Es ist ein ideales Hilfsmittel, das Sie praktisch für jeden Zweck einsetzen können.
Mit diesem Wissen über die Ursachen und die Wirkung des mentalen Trainings und der Autosuggestion haben Sie die wirkungsvollsten Mittel zur Selbstbeeinflussung und damit einen weiteren Schlüssel zu einer erfolgreichen Zukunft in der Hand. Es liegt jetzt an Ihnen, wie Sie dieses Wissen nutzen!

WARUM ES SO WICHTIG IST, AN SEINEN ERFOLG ZU DENKEN UND NICHT AN SEINEN MISSERFOLG

Wenn Sie den Glauben an die Zukunft verlieren, egal, ob durch einen Mißerfolg oder durch die negative Beeinflussung von verantwortungslosen Mitmenschen, Medien oder Gemeinschaften, haben Sie nicht mehr die Kraft, etwas zu ändern. Aber sagen Sie selbst: Wäre das Leben wirklich so schön, wenn es nur Sonnenschein gäbe? Ist es nicht der Wechsel von Regentagen und Sonnenschein, der das Leben erst schön macht? Aber Sie müssen wissen, daß auf Regen Sonnenschein folgt.

So ist auch Ihr Weg in eine erfolgreiche und harmonische Zukunft kein gerader Weg, sondern ein ständiges Auf und Ab. Wenn Sie auch in ein Tal kommen – geistig müssen Sie oben bleiben und sich nicht beirren lassen. Auf die Nacht folgt immer der Tag, selbst wenn sie noch so finster ist. Wer aber seine Hoffnung und seinen Willen zum Leben verliert, verliert alles. Deshalb sich nicht durch Widerstände und Mißerfolge beugen lassen; denn selbst eine Reihe von Fehlschlägen sind noch lange kein Beweis für die Unmöglichkeit eines Gelingens.

Solange noch Mut im Menschen ist, ist kein Grund zum Verzweifeln. Wer den Kopf oben behält, geht nicht unter, wenn auch die Situation verzweifelt scheint. Deshalb schauen Sie den Tatsachen ins Auge. Wenn Sie beim Eintreffen eines Zwischenfalls unvorbereitet sind, verlieren Sie nur zu leicht den Kopf, und aus einem Unglück ergibt sich ein neues, weil Sie nicht so handeln konnten, wie es der Augenblick verlangte. Warum wollen Sie sich das Leben noch zusätzlich schwermachen? Warum sich die innere Harmonie stören?

PRAXIS

Mentales Training

Wenn wirkliches Neuland betreten wird, kann es vorkommen, daß nicht nur neue Inhalte aufzunehmen sind, sondern daß auch die Struktur des Denkens sich ändern muß, wenn man das Neue verstehen will.

WERNER HEISENBERG

WIE SOLL ES SEIN?

„Nicht in der Ablehnung, sondern in der Bejahung liegt das Geheimnis größter geistiger Machtentfaltung."
„Fortdauernde Behauptung einer Möglichkeit wird zum Glauben und aktiviert dadurch die Kräfte zur Verwirklichung der Behauptung."
Erinnern Sie sich bitte noch einmal an unser VII. Kapitel, als es um unsere Erwartungen ging. Hier hatte ich Sie in unserer Praxis gebeten, Ihre Erwartungen zu analysieren und in positive Erwartungen umzuformulieren. Die folgende Übung ist eine Ergänzung und Weiterführung dieser Aufgabe.
Um erfolgreich mit den inneren Kräften arbeiten zu können, müssen Sie jetzt Ihre oft negativen Erwartungen in positive Gedanken und Möglichkeiten umwandeln.
Schreiben Sie dazu auch wieder zuerst die „negative" Erwartung auf (IST-Zustand) und formulieren Sie dann diese negativen Sätze in positive Behauptungen (SOLL-Zu-

stand) um. Bitte alles in möglichst kurzen Sätzen und genau den Punkt treffend.

Beispiele:

Die nachfolgenden Beispiele sollen Ihnen zeigen, wie man negative Situationen, Gedanken und Vorstellungen in positive Behauptungen umformulieren kann.

Beachten Sie bitte: Das, was Sie überwinden wollen, darf auf keinen Fall in der positiven Formulierung erscheinen!

IST: „Jedesmal, wenn ich vor vielen Menschen reden muß, wird meine Stimme leiser, und ich weiß dann nicht mehr, was ich sagen wollte ...“
SOLL: „Meine Stimme ist klar und deutlich, und ich weiß ganz genau, was ich sagen werde.“

IST: „Immer wieder zweifle ich an meiner Leistungsfähigkeit, und ich glaube nicht, daß ich meine Ziele erreichen werde ...“.
SOLL: Ich glaube an mich und an meine Leistungsfähigkeit. Ich weiß, ich werde meine Ziele erreichen!“

IST: „Ich fühle mich so schwach und schlecht, obwohl der Arzt meint, ich sei gesund. Trotzdem geht es mir schlecht, und ich weiß gar nicht mehr, was das Leben soll ...“.
SOLL: „Ich fühle mich von Tag zu Tag immer besser und besser. Ich glaube fest an mich und werde den Sinn meines Lebens erkennen. Ich freue mich, daß ich lebe!“

IST: „Ich bin immer so nervös, kann mich schlecht konzentrieren und lasse mich von allem ablenken ...“.
SOLL: „Ich bin ganz ruhig und konzentriert. Nichts kann

mich von meiner Arbeit ablenken. Ich weiß, ich werde meine Ziele erreichen!"

IST: „Mir fehlen in der letzten Zeit zunehmend gute Ideen und Einfälle ...".
SOLL: „Immer bessere Ideen werden mir bewußt, immer intensiver und besser arbeitet mein Unterbewußtsein!"

IST: „Jedesmal, wenn ich in die xxx Situation komme, dann glaube ich, die Decke fällt mir auf den Kopf, Schweiß bricht aus, ich bekomme Angstgefühle und Atemnot ...".
SOLL: „Ich weiß, ich werde jede Situation meistern. Ja, ich kann jede Situation meistern. Ich fühle mich wohl und habe jede Situation im Griff. Ich glaube an mich und an meine innere Kraft!"

IST: „Jedesmal, wenn der (Mai) beginnt, dann fängt meine Nase an zu laufen, meine Augen brennen, ich muß ständig niesen, und das Atmen fällt mir schwer ...".
SOLL: „In jeder Situation: Meine Nase ist frei, meine Augen sind klar, ich kann frei atmen und fühle mich richtig wohl!"

Wie soll es sein?

Situation:

IST-Zustand	**SOLL-Zustand**
IST	SOLL
IST	SOLL
IST	SOLL
IST	SOLL

PROGRAMMIEREN SIE IHR UNTERBEWUSSTSEIN UM

„Wiederholung, bewußt oder unbewußt, verstärkt die Antriebe bis zum Automatismus der Vorgänge, begünstigt und bewirkt so Zwangsabläufe körperlicher, geistiger und seelischer Art, und zwar ebensowohl in positiver, wie in negativer Hinsicht."

Sie haben nun den „SOLL-Zustand" von dem festgestellt, wie etwas in der Zukunft sein soll. Jetzt kommt es für Sie darauf an, diesen „neuen Zustand" fest in Ihrem Unterbewußtsein zu verankern. Wie das vor sich gehen kann, das zeigt uns das 16. Denkgesetz.

Erinnern Sie sich in diesem Zusammenhang an die Zeit zurück, als Sie Auto fahren gelernt haben. Ständig haben Sie immer wieder die gleichen Bewegungen durchgeführt – und heute laufen sie automatisch ab. Sie haben den ganzen Ablauf des „Autofahrens" buchstäblich in Ihr Unterbewußtsein einprogrammiert.

Genauso haben Sie es mit dem „kleinen 1 x 1" gemacht, mit dem Fahrradfahren, dem Skilaufen, mit Ihrem Fachwissen ...

Der Weg zu diesem „Automatismus" ging damals und geht heute über die ständige Wiederholung. Was wir ständig wiederholen, dringt tief in unser Bewußtsein ein und fängt an, völlig automatisch in uns abzulaufen und uns zu steuern.

Denken Sie an die Werbung. Was nützt der beste und wirkungsvollste Werbespot, wenn ihn der Konsument, der potentielle Käufer, nur einmal sieht? – Nichts! Nur durch die ständige Wiederholung tritt die Wirkung ein, und das Ziel der Millionen teuren Aktion, der Kaufreiz, wird bei den Menschen ausgelöst.

Wie weit diese „Programmierung" des Unterbewußtseins

gehen kann, das haben uns die verschiedenen Beispiele in diesem Kapitel schon gezeigt.

Wie programmieren wir unser Unterbewußtsein?

Schreiben Sie Ihren „Vorsatz“, den „SOLL-Zustand“, auf eine kleine Karte. Stecken Sie diese Karte in Ihre Tasche und jedesmal, wenn Sie in die Tasche fassen, denken Sie bewußt an Ihren „Vorsatz“.

Sagen Sie sich jedesmal, wenn Sie sich im Spiegel sehen, Ihren Vorsatz ganz bewußt vor.

Kleben Sie sich auf Ihre Bürotür, auf die Autotür, auf Ihren Schreibtisch oder dahin, wo Sie ihn immer wieder sehen, einen kleinen farbigen Punkt. Jedesmal wenn Sie diesen Punkt wahrnehmen, bewußt oder unbewußt, läuft der Vorsatz in Ihnen ab.

Besorgen Sie sich eine „Endlos-Cassette“, eine Cassette, die ohne Unterbrechung Stunden laufen kann. Sprechen Sie Ihren Vorsatz auf diese Cassette, und lassen Sie dann diese Cassette ständig im Hintergrund laufen. Sie brauchen nicht zuzuhören, Ihr Unterbewußtsein nimmt diese Informationen trotzdem auf.

(Endlos-Cassetten gibt es ab einer Spieldauer von 45 Minuten.)

Erfinden Sie andere eigene Techniken, die Sie immer wieder an Ihren Vorsatz erinnern.

SUGGESTIONSFORMELN, MIT DENEN SIE GEZIELT AUF KÖRPER, GEIST UND SEELE EINWIRKEN KÖNNEN

Gesundheit

- Ich fühle mich von Tag zu Tag und in jeder Hinsicht immer besser und besser ...
- Mein Herz und mein Kreislauf arbeiten immer gleichmäßiger und gesunder ...
- Meine Nerven gesunden, alle Spannungen lösen sich ...
- Mein Wohlbefinden wächst, ich fühle mich immer frischer und kräftiger ...
- Ich werde gesund, ganz gesund, ganz gesund ...
- Tief und ruhig schlafen, das macht mich gesund ...
- Ich schlafe immer besser und schneller ein, immer besser und schneller ...

Persönlichkeit

- Ich kann, was ich will! Ich glaube an mich und an meine Kraft ...
- Mein Ziel steht deutlich vor mir! Ich weiß, ich werde meine Ziel erreichen ...
- Mein Auftreten ist frei und sicher, frei und sicher ...
- Meine Sprache ist warm und fesselnd. Ich kann überall frei und sicher sprechen ...
- Ich strahle Ruhe aus. Es geht auch ohne Ärger, Aufregung und Streit. Ich strahle Ruhe aus ...
- Lebenssicherheit und Zielklarheit:
- Ich bin voller Lebensfreude und Schaffenskraft. Das Leben ist schön, wenn ich positiv bin ...
- Mein ganzes Wesen wandelt sich und wird immer positiver, immer positiver ...

- Ich gewinne immer mehr Herrschaft über mich, immer mehr Einfluß, immer mehr Einfluß ...
- Ich glaube an mich und an meine Kraft ...
- Ich lebe zielbewußt!
- Ich weiß, was ich will ... Ich weiß, was ich will ...
- Alles ist Training, alle Kräfte wachsen durch Gebrauch, auch meine Kräfte ...
- Ordnung ist wichtig: Ordnung spart Zeit und Kraft, Ordnung ist wichtig ...
- Tag für Tag ein Fortschritt, Tag für Tag ein Erfolg, Tag für Tag ein Schritt weiter ...
- Mein berufliches Können wird immer besser ....
- Ich bin voller Ausdauer und Zähigkeit! Ich weiß, daß ich meine Ziele erreiche ...
- Ich glaube an mich und an meinen Erfolg. Ich bin unternehmungsfreudig und wagemutig ...

Aktivierung der geistigen Kräfte:
- Immer bessere Ideen werden mir bewußt, immer intensiver arbeitet mein Unterbewußtsein ...
- Meine geistige Aufnahmefähigkeit steigert sich mehr und mehr. Immer mehr erwachen meine unterbewußten geistigen Kräfte ...
- Ich kann mich immer stärker auf mein Gedächtnis verlassen. Ich behalte immer leichter und besser ...
- Ich muß nur wollen, ich bin befähigt und begabt ... Ich muß nur wollen ...
- Überall hilft mir mein Unterbewußtsein, mein bester Mitarbeiter ...
- Nicht ablenken lassen, immer ganz bei der Sache sein ...
- Mein Geist steigert sein Können und wird immer aktiver und schöpferischer ...

Vorbereitung auf Prüfungen:

- Ich kann, was ich will, ich bin gut vorbereitet …
- Ich bin bei meiner Vorbereitung voll konzentriert und behalte alles …
- Alles, was ich lerne, prägt sich fest in mein Unterbewußtsein ein …
- Ich behalte alles und kann mich jederzeit an den Stoff erinnern …
- Meine Konzentrationsfähigkeit steigert sich von Tag zu Tag …
- Lernen macht mir Freude, denn ich weiß, wofür ich es tue …
- Ich bin ganz ruhig und entspannt, ich weiß, daß ich meinen Stoff beherrsche …
- Alles geht, alles ist leicht, wenn ich an mich glaube. Ich glaube an mich …

SELBSTHYPNOSE

Ein Weg zur Aktivierung der unbewußten Kräfte

Die Selbsthypnose ist ein Weg, um die in uns ruhenden Kräfte zu aktivieren. Warum? Weil diese Technik gezielt die Kräfte unseres Unterbewußtseins einsetzen kann. Was wir uns in der Selbsthypnose einsuggerieren, das fängt an, automatisch in uns zu arbeiten. Wir machen es, ohne darüber nachzudenken, ohne dazu unseren bewußten Willen einsetzen zu müssen.

Fangen Sie bitte auch hier systematisch an, nach diesem Programm zu arbeiten und denken Sie daran, daß auch in diesem Bereich Ihre Kräfte langsam aufgebaut werden müssen.

Unsere Entspannungsübungen aus dem dritten Kapitel

werden Ihnen dabei eine gute Hilfe sein. Mit ein bißchen Übung können Sie die Selbsthypnose erlernen. Diese Technik kann Ihnen dann in vielen Situationen eine wichtige Hilfe sein.
Voraussetzung ist natürlich auch in diesem Fall, daß Sie wissen, warum Sie sich diese Technik aneignen möchten und welche Ziele Sie damit erreichen wollen.
Das Ziel der ersten Stufe ist jetzt, daß Sie lernen, sich selbst in einen gewissen tranceähnlichen Zustand zu versetzen.
In der zweiten Stufe wollen wir diese Technik gezielt für unseren Erfolg einsetzen.

Selbsthypnose : 1. Stufe

Bitte führen Sie die folgende Übung so lange durch, bis Sie das Gefühl haben, den beschriebenen Zustand gut und leicht erreichen zu können.

Voraussetzungen
Sorgen Sie dafür, das Sie die nächste Zeit nicht gestört werden. Suchen Sie sich einen bequemen Stuhl oder einen Sessel, und schalten Sie das Licht so ein, daß es nicht zu hell ist.
Suchen Sie sich ein Konzentrationsobjekt (ein Bild, eine Kerze, einen farbigen Punkt), und stellen Sie Ihren Sessel so, daß Sie dieses Objekt gut sehen können.
Schalten Sie eine angenehme, entspannende Musik ein. Eine Musik, bei der nicht der Rhythmus im Vordergrund steht, sondern die Melodie. Besonders gut eignen sich hierzu Musikstücke von Bach, Corelli, Händel, Vivaldi und Mozart oder harmonische Klavier- und Harfenmusik.

Das Aufwachen

Prägen Sie sich vor Beginn der Übungen gleich die Art und Weise ein, wie Sie aus der Trance wieder erwachen wollen.

Sagen Sie sich zum Beispiel schon zu Beginn der Übung: „Wenn ich von eins bis fünf zähle, werde ich ganz erfrischt und munter aus der Trance erwachen und all das tun können, was ich mir vorgenommen habe.

Bei eins atme ich tief ein und aus, bei zwei spanne ich alle Muskeln an, bei drei nehme ich wieder alle Geräusche aus meiner Umwelt wahr, bei vier hebe ich meinen Kopf und werde immer munterer, bei fünf öffne ich meine Augen und fühle mich wohl."

Ablauf der 1. Übung:

- Schalten Sie das Licht im Raum auf eine angenehme Helligkeit, stellen Sie Ihre Entspannungsmusik ein, und setzen Sie sich bequem hin.
- Sagen Sie sich jetzt in Gedanken, daß Sie jederzeit aus dem Zustand der Trance erwachen können, indem Sie von eins bis fünf zählen.
- Spannen Sie jetzt wie bei unseren Entspannungsübungen alle Muskeln fest an, holen Sie dabei tief Luft. Dann atmen Sie langsam aus und entspannen dabei Ihre Muskeln. Achten Sie auf eine ruhige, entspannte Atmung.
- Richten Sie Ihren Blick jetzt auf Ihren Konzentrationspunkt. Fixieren Sie diesen Punkt, dieses Objekt, ganz fest mit Ihren Augen. Bewegen Sie Ihre Augen nicht, auch nicht die Augenlider.

Schauen Sie ganz konzentriert auf diesen einen Punkt. Nach kurzer Zeit werden Sie merken, wie Ihre Augen immer schwerer werden und sie ganz automatisch zufallen.

- Wenn Sie das erreicht haben, dann stellen Sie sich vor, wie Sie in einen Aufzug steigen und langsam in die Tiefe fahren, zu einem Ort, der Ruhe, Harmonie und Entspannung ausstrahlt.
- Stellen Sie sich jedes Stockwerk vor, an dem Sie vorbeifahren und wie Sie dabei immer ruhiger werden, immer tiefer sinken. Falls Ihnen diese Vorstellung nicht angenehm ist, stellen Sie sich einfach vor, Sie stehen auf einem hohen Berg und fahren langsam in ein wunderschönes, ruhiges und harmonisches Tal hinunter.
- Genießen Sie jede einzelne Stufe, fühlen Sie sich in die verschiedenen Situationen hineinversetzt. Da, wo es ihnen gefällt, steigen Sie aus und genießen den Augenblick.
- Zählen sie dann langsam von eins bis fünf (Aufwachen).
- Öffnen Sie bei fünf Ihre Augen und sagen Sie sich:
- „Jetzt fühle ich mich wohl, jetzt bin ich voller Kraft und Energie."

Selbsthypnose: 2. Stufe

Wichtig: Prägen Sie sich vor Beginn der Übungen gleich die Art und Weise ein, wie Sie aus der Trance wieder erwachen wollen. Sagen Sie sich zum Beispiel schon zu Beginn der Übung:

„Wenn ich von eins bis fünf zähle, werde ich ganz erfrischt und munter aus der Trance erwachen und all das tun können, was ich mir vorgenommen habe.
Bei eins atme ich tief ein und aus, bei zwei spanne ich alle Muskeln an, bei drei nehme ich wieder alle Geräusche aus meiner Umwelt wahr, bei vier hebe ich meinen Kopf und werde immer munterer, bei fünf öffne ich meine Augen und fühle mich wohl."

Ablauf der 2. Übung

- Schalten Sie das Licht im Raum auf eine angenehme Helligkeit, stellen Sie Ihre Entspannungsmusik ein, und setzen Sie sich bequem hin.
- Sagen Sie sich jetzt in Gedanken, daß Sie jederzeit aus dem Zustand der Trance erwachen können, indem Sie von eins bis fünf zählen.
- Spannen Sie jetzt, wie bei unseren Entspannungsübungen, alle Muskeln fest an, holen Sie dabei tief Luft. Dann atmen Sie langsam aus und entspannen dabei Ihre Muskeln. Achten Sie auf eine ruhige, entspannte Atmung. Richten Sie Ihren Blick jetzt auf Ihren Konzentrationspunkt. Fixieren Sie diesen Punkt, bzw. dieses Objekt ganz fest mit Ihren Augen. Bewegen Sie Ihre Augen nicht, und auch nicht die Augenlider. Schauen Sie ganz konzentriert auf diesen einen Punkt. Nach kurzer Zeit werden Sie merken, wie Ihre Augen immer schwerer werden und ganz automatisch zufallen.
- Wenn Sie das erreicht haben, dann stellen Sie sich vor, wie Sie in einen Aufzug steigen und

langsam in die Tiefe fahren, zu einem Ort, der Ruhe, Harmonie und Entspannung ausstrahlt.

- Stellen Sie sich jedes Stockwerk vor, an dem Sie vorbeifahren und wie Sie dabei immer ruhiger werden, immer tiefer sinken. Falls Ihnen diese Vorstellung nicht angenehm ist, stellen Sie sich vor, Sie stehen auf einem hohen Berg und fahren langsam in ein wunderschönes, ruhiges und harmonisches Tal hinunter.
- Genießen Sie jede einzelne Stufe, fühlen Sie sich in die verschiedenen Situationen hineinversetzt. Da, wo es Ihnen gefällt, steigen Sie aus und genießen den Augenblick.
- Wenn Sie an dieser Stelle angekommen sind und eine tiefe körperliche und geistige Entspannung fühlen, beginnen Sie, sich selbst positiv und im Sinn Ihres Zieles zu beeinflussen. Sagen Sie zu sich selbst das, was Sie erreichen wollen, Ihren „Soll-Zustand", Ihren „Ideal- oder Endzustand".
- Sprechen Sie ganz intensiv zu sich selbst, so, wie wir es bei der Übung auf der Cassette durchführen. Sagen Sie sich zum Abschluß der Übung immer wieder: „Ich weiß, ich werde meine Ziele erreichen. Ich glaube an mich und an meine Ziele. Ich werde meine Ziele erreichen, ganz sicher werde ich meine Ziele erreichen."
- Zählen sie dann langsam von eins bis fünf. Öffnen Sie bei fünf Ihre Augen und sagen Sie sich: „Jetzt fühle ich mich wohl, jetzt bin ich voller Kraft und Energie."

EINE PROBLEMORIENTIERTE SELBSTSUGGESTION ENTWICKELN UND EINSETZEN

Ziel des Übungsteils

- Selbstsicherheit verstärken
- Angst vor Fehlern überwinden
- Angst vor zurückliegenden Mißerfolgen überwinden
- Eine optimale Leistungsbereitschaft erreichen und erhalten

Voraussetzung

- Wünsche erkennen und daraus Ziele bilden
- Analyse meiner Situation, Stärken und Schwächen
- Analyse der Fähigkeiten, die ich zum Erreichen meiner Ziele benötige
- Frage: Was will ich? – Was will ich nicht?
- Analyse meiner Schwachpunkte
- Umformulierung von IST in SOLL (mit positiver Formulierung!) Dabei darf der Fehler oder die Schwäche NICHT angesprochen werden!

Ablauf

Hilfen schaffen, die uns immer wieder an unseren Vorsatz (SOLL-Zustand) erinnern.

Z. B.: Farbigen Punkt an einer Stelle, auf die wir immer wieder sehen, Uhr am Handgelenk, Endlos-Cassette mit dem entsprechenden Text, Markierung an einer Stelle, die uns immer wieder an unseren Vorsatz erinnert ...

Übung fest in den Tagesablauf / Arbeitsablauf einplanen!

„Nicht in der Ablehnung (Verneinung), sondern in der Bejahung liegt das Geheimnis größter geistiger Machtentfaltung."
„Fortdauernde Behauptung einer Möglichkeit wird zum Glauben und aktiviert dadurch die Kräfte zur Verwirklichung der Behauptung."

(Oscar Schellbach)

EINE BESTIMMTE REAKTIONEN DES KÖRPERS KONDITIONIEREN, UM DADURCH STRESS UND BELASTUNGEN BESSER IN DEN GRIFF ZU BEKOMMEN

Bei diesem Übungsteil bauen wir auf eine automatische Reaktion des Körpers, der Konditionierung auf. Diese Reaktion, die durch die russischen Physiologen Pawlow und Bechterew bekannt wurde, besagt folgendes:
„Wenn ein Körper eine Bewegung durchführt und parallel dazu ein Reiz (Auslöser) auf den Körper einwirkt, dann wird nach einer Anzahl von Wiederholungen dieser Vorgang, dieser begleitend ablaufende Reiz, zum Auslöser für die Bewegung."
Für unser mentales Training heißt das folgendes: Wenn wir eine bestimmte Übung immer wieder durchführen und diese Übung mit einer bestimmten Handlung, einem Auslöser verbinden, zum Beispiel in dem wir uns in Gedanken sagen: „Jetzt bin ich ganz ruhig" oder wenn wir eine bestimmte Handbewegung dazu durchführen, drei-

mal auf den Tisch klopfen, uns über die Stirn streichen etc., dann wird nach einiger Zeit diese Handlung – dieser Gedanke oder diese Handbewegung – zum Auslöser für die körperliche Reaktion, vorausgesetzt, wir führen diese Übung immer wieder im gleichen Ablauf und mit dem gleichen Auslöser durch!

Ziel des Übungsteils

- Überspannung und Streß (DI) abbauen
- Eine optimale Leistungsbereitschaft auch in kritischen Situationen
- Konzentrationsfähigkeit erhöhen
- Ausnutzung von Ruhe- und Arbeitspausen (Wartezeiten)

Vorbereitung

- Ein echtes oder gedankliches Bild einer Sitution, das Ruhe vermittelt (eine ruhige Waldlichtung, der Sonnenaufgang am Meer, eine schöne Blumenwiese ...)
- Musik, die Ruhe und Harmonie ausstrahlt
- Körperentspannung
- Atmung
- Auslöser, um die Konditionierung zu erreichen (zum Beispiel der Gedanke: Jetzt bin ich ganz ruhig, oder eine bestimmte Handbewegung, die dann immer wieder verwendet wird)

Ablauf

1. Musik einschalten
2. Körperentspannung (Muskelentspannung) durchführen
3. Atmung (Bauchatmung) einsetzen
4. Bild der Ruhe anschauen und dann in Gedanken in diese Situation versetzen

5. Auslöser betätigen
(Sich in Gedanken sagen: Jetzt bin ich ganz ruhig, ganz entspannt oder eine bestimmte Handbewegung oder Körperbewegung)
6. Abschluß der Übung mit einer Muskelanspannung

Übung fest in den Tagesablauf einplanen!

Grundlagen dieses Trainings:

Konditionierung
Die russischen Physiologen Pawlow und Bechterew beschäftigten sich mit den „bedingten Reflexen" und prägten den Begriff der Konditionierung. Ihr berühmter Versuch mit Hunden lief folgendermaßen ab:
Sie fütterten Hunde und läuteten dabei mit einer Glocke. Diesen Vorgang führten sie immer wieder in dem gleichen Ablauf durch. Nach einiger Zeit brauchten sie dann nur noch mit der Glocke zu läuten, und sofort lief den Hunden das Wasser im Maul zusammen. Sie waren konditioniert!
Bei dieser Arbeit bauten sie auf den Erkenntnissen der Assoziationspsychologie auf, die sagt:
„Wenn ein Körper eine Bewegung durchführt und parallel dazu ein Reiz (Auslöser) auf den Körper einwirkt, dann wird nach einer Anzahl von Wiederholungen dieser Vorgang, dieser begleitend ablaufende Reiz, zum Auslöser für die Bewegung."

Der Carpenter-Effekt:
„Die Trainingswirkung der Bewegungsvorstellung oder Bewegungsbetrachtung wird dabei vorrangig darauf zurückgeführt, daß während der Bewegungsvorstellung oder -betrachtung die gleichen nervalen und muskulären

Prozesse aktiviert werden wie bei der Bewegungsausführung selbst, und daß es dadurch zu einer Stabilisierung des neuromuskulären Funktionssystem kommt."
(Schellenberger, Günz 1980, 675)

DAS VISUALISIEREN (VORSTELLEN) EINER OPTIMALEN LEISTUNG, UM DADURCH EINE AUFGABE ERFOLGREICHER ZU LÖSEN

Ziel des Übungsteils

- Vorbereitung auf eine besondere oder wichtige Leistung
- Stabilisierung und Verbesserung einer Leistung
- Selbstvertrauen und innere Sicherheit verstärken
- Ausnutzen von Ruhe- und Wartepausen

Voraussetzungen

- Genaue Bewußtmachung und Analyse meiner besten Leistung mit allen Gefühlen und Eindrücken, die ich wahrgenommen habe. Z. B. Gefühle, die ich empfunden habe (vor, während und nach der Leistung oder einer bestimmten Aktion).

  Eindrücke meines Körpers, meiner Gedanken, aber auch der Umwelt (vor, während und nach der Leistung).
- Alle diese Eindrücke und Empfindungen in Stichworten der Reihe nach genau aufschreiben.
- Einen Auslöser (Anker) suchen, der mit diesem Ablauf in direktem Zusammenhang steht.

Ablauf

1. Kurzentspannung durchführen
2. Auslöser betätigen (Anker)
3. Ablauf vorstellen, aber jetzt Beginn bei dem erfolgreichen Abschluß und dann aller notwendigen Handlungen, um dieses neue Ziel zu erreichen. Auch hier immer wieder die schriftliche Analyse als Hilfe und Anleitung verwenden.
4. Abschluß der Übung mit einer Motivation, die die innere Sicherheit noch weiter stärkt (siehe Selbstmotivation).

Grundlagen

„Fortdauernde Behauptung einer Möglichkeit wird zum Glauben und aktiviert dadurch die Kräfte zur Verwirklichung der Behauptung."

„Wiederholung, bewußt oder unbewußt, verstärkt die Antriebe bis zum Automatismus der Vorgänge, begünstigt und bewirkt so Zwangsabläufe körperlicher, geistiger und seelischer Art, und zwar ebensowohl in positiver wie in negativer Hinsicht."

(OSCAR SCHELLBACH)

Voraussetzungen im Beruf

- Genaue Bewußtmachung und Analyse meiner besten Leistung (in der Vergangenheit) mit allen Gefühlen und Eindrücken, die ich dabei wahrgenommen habe (rational und emotional).
- Die vergangene „Best-Leitung" in Einzelschritte zerlegen. Eine realistische Leistungssteigerung in die verschiedenen (oder speziellen) Einzelschritte einbauen.
- Die Einzelschritte vom gewünschten ENDERGEBNIS an aufbauen (siehe auch Mentales-Training, Jack Nicklaus).

- Den Ablauf in dieser Reihenfolge immer wieder durchdenken und mit positiver Selbstmotivation verbinden.

Voraussetzungen im Alltag, bei der Problemlösung

- Genaue Bewußtmachung und Analyse einer bestimmten Problemsituation mit all ihren Ursachen.
  Auch hier wieder mit allen Gefühlen, die ich dabei empfunden haben.
- Den Zustand festlegen, wie die Situation (in positiver Sicht in der Zukunft) sein soll.
- Alle Ursachen beseitigen, auf keinen Fall verdrängen.
- Den positiven Endzustand (wie er ist, wenn das Problem oder die Hemmung überwunden sind) immer wieder bewußt machen.
- Diesen Vorgang mit einer positiven Selbstmotivation (Ich weiß, ich werde all meine Ziele erreichen ...) verbinden.

Voraussetzungen im Sport

- Genaue Bewußtmachung und Analyse meiner besten Leistung mit allen Gefühlen und Eindrücken, die ich wahrgenommen habe.
- Wettkampf in systematische Einzelschritte zerlegen.
- Erreichbare (realistische) Leistungssteigerung (Jahresziel, Monatsziel oder Saisonziel) mit in diese Einzelschritte einplanen.
- Einzelschritte von hinten (Abschluß) aufschreiben.
- Den Ablauf in dieser Reihenfolge immer wieder durchdenken.
- Diesen Vorgang mit einer positiven Selbstmotivation (Ich weiß, ich werde all meine Ziele erreichen, meine Wünsche und Träume erfüllen ...) verbinden.

VORAUSSETZUNGEN FÜR DEN EINSATZ MENTALER TECHNIKEN

- Ein Ziel finden und festlegen, dabei die Einheit von Körper, Geist und Seele beachten. (Die 3 Ziele)
- Nach den Ursachen suchen, die den Weg zum Ziel positiv oder negativ beeinflussen. (Analyse)
- Teilziele und Wege festlegen. (Plan)
- Negative Vorstellungen durch positive ersetzen. Sich immer wieder vorstellen, wie es ist, wenn das Ziel oder das Teilziel erreicht ist.
- Festlegen einer gezielten Autosuggestionsformel und tägliche Anwendung.
- Bei den Übungen einen Selbstverständlichkeitsstandpunkt einnehmen: „Selbstverständlich kommt es so, wie ich es mir sage."
- Einsatz des Cassettenrekorders als zusätzliches Hilfsmittel.
- Sprechen Sie nicht mit anderen über Ihr Training. Denken Sie bitte daran, wie schwer es war, sich selbst zu überzeugen, daß Gedanken wirklich Kräfte sind! Vertrauen Sie dieser Technik. Sie sind das Ergebnis aus einer über 70jährigen Erfahrung mit ungezählten Menschen und ihren Schicksalen.

WICHTIG

Wenden Sie dieses Training zusätzlich zu den anderen, Ihnen möglicherweise vorgeschriebenen Therapien (Training) an! Dieses Training soll in keinem Fall ein Ersatz, sondern eine Ergänzung der anderen Heilmethoden (Training) sein!

X.

Die anderen Menschen

Man muß den Menschen die Wunder zeigen, die sie selbst vollbringen können.

MAX TAU

GEMEINSAM FÄNGT BEI JEDEM SELBST AN

Wir leben in einem Zeitalter der Kommunikation, der Information. Deshalb ist die Fähigkeit, positiv mit Menschen umgehen zu können, für jeden, der Erfolg haben will, ein Muß. Wir sind keine „Einzelwesen", keine Wesen, die den anderen oder die andern nicht brauchen. Und trotz der so oft angesprochenen „Selbstverwirklichung" gehören die anderen Menschen zu uns und sind für unseren Erfolg ganz entscheidend mitverantwortlich. Es ist nicht gut, „allein zu leben", und erst durch das Gemeinsame, durch die gemeinsamen Wünsche und Ziele, die wir mit unserem Partner und unserer Familie, aber auch mit unseren Mitarbeitern erreichen wollen, lohnt sich unser Leben.

Wir müssen uns daher immer wieder fragen, was wir für diesen harmonischen Umgang mit den anderen Men-

schen tun können. Genauso, welchen Weg wir gehen müssen, um die Spannungen, die immer wieder im zwischenmenschlichen Bereich auftreten, abzubauen.
Nur, wenn wir uns selbst positiv und erfolgreich behandeln, können wir den anderen Menschen positiv begegnen. Erst dann, wenn wir von einer Idee, einer Sache, einer Arbeit oder einer Aufgabe selbst überzeugt sind, können wir auch andere davon überzeugen. Immer ist die erfolgreiche, positive Selbstbehandlung und unser Wissen um die vielen Möglichkeiten, die im Menschen selbst ruhen, die Voraussetzung für jeden Erfolg.
Wir haben uns mit den Kräften und Fähigkeiten beschäftigt, die in uns ruhen. Dieselben Kräfte ruhen aber auch in den anderen Menschen, in unserem Partner und in unseren Kindern.

DAS POSITIVE IM ANDEREN SEHEN

Wir müssen uns bewußt machen, und zwar so ehrlich wie möglich, wie wir mit unseren Mitmenschen umgehen.
Erkennen wir das Positive in unseren Mitmenschen, die guten Seiten, das, was sie gut machen? Oder sehen wir ständig ihre Fehler, die schlechten und schwachen Seiten?
Wir leben in einer Zeit, in der ja immer wieder das Negative im Vordergrund steht. Täglich werden wir auf die negativen Seiten unseres Lebens aufmerksam gemacht. Die Medien berichten in großen Schlagzeilen, was uns für Unheil drohen kann. In den täglichen Nachrichten hören wir eine Unzahl von Schreckensmeldungen, und jedes noch so kleine Unglück wird breitgetreten.
„Wenn wir zu allen Stunden grausige und erschütternde Geschehnisse mitansehen oder mitanhören müssen, so

verlieren wir schließlich, selbst die von Natur Zartesten unter uns, durch die ständige Folge der quälenden Eindrücke jedes Empfinden für Menschlickeit."

Das hat im Jahre 80 vor Christus Cicero geschrieben, als es noch kein Fernsehen und kein Radio gab.

Ich will damit nicht sagen, daß wir diese negativen Berichte ignorieren oder verdrängen sollen, aber wir müssen uns bewußt machen, wie dieser Schrecken, dieses Leid, dieses Negative auf uns wirkt. Vor allem dann, wenn wir keinen Ausgleich dazu in uns schaffen! Und ob es uns alle zu einer Verhaltensänderung motiviert, das ist hier noch die Frage.

Hier haben wir auch den Teufelskreis, in dem wir „moderne, aufgeschlossene, über alles informierte Menschen" leben. Ein Teufelskreis, der sich aus unserer Aufmerksamkeit ergibt. Einerseits leben wir in einer Informationsgesellschaft und sind damit über alles, was in der Welt passiert, fast augenblicklich informiert.

Andererseits sagt uns unser „rationaler Verstand", wir müssen uns selbst, aber auch dem anderen, egal ob Kind, Jugendlicher oder Erwachsener, zeigen, wo es in seinem Leben Probleme gibt oder geben kann, mit welchen Belastungen er in der Zukunft rechnen muß.

Unsere „Informationsgesellschaft" vergißt aber allzuoft das Positive in unserer Welt – das, was uns Mut macht und uns die notwendige Antriebskraft gibt.

Und wir?

Auch wir vergessen viel zu oft das Positive, das Gute, die Erfolge bei den anderen zu erwähnen. Wann loben und anerkennen wir unseren Partner für seine – ja so „selbstverständliche" Leistung? Wann loben wir unsere Kinder und wann haben wir Zeit für deren „kleine" Sorgen? Und wie sieht es bei unseren Mitarbeitern aus? Sehen wir da auch nicht immer wieder nur ihre Fehler und Schwächen? Denn je mehr wir das Positive in dem anderen Menschen fördern, um so stärker wird sein Selbstvertrauen und damit auch seine Fähigkeit, etwas zu leisten, eine gute Arbeit zu machen.

BEGEISTERUNG

Wie wichtig unsere Begeisterung ist, das haben Sie schon erkannt. Aber so wie es uns geht, geht es auch unserem Partner, unseren Mitarbeitern und Kollegen. Nur durch Begeisterung können wir in der heutigen Zeit bestehen. Nur durch die Begeisterung jedes einzelnen Mitarbeiters, durch seine Bereitschaft zur Teamarbeit und zum Erreichen des gemeinsamen Zieles, kann ein Unternehmen bestehen und überleben.
Roman Antonoff, Dipl. Ing. und erfolgreicher CI-Designer, hat im „CI Report 1987“ der Frankfurter Allgemeinen 12 Leitsätze für eine erfolgreiche CI aufgestellt und dabei die Bedeutung von „Geist und Begeisterung“ so angesprochen:

„Gedanken sind gedanklich übertragbar. Wenn viele Mitarbeiter eines Unternehmens die gleichen Gedanken denken („für unsere Kunden nur das Beste“), dann entsteht beim Empfänger dieser Gedanken ein positiver Sinneswandel.
Die Kunden fühlen es, wie sich das Unternehmen um sie bemüht. CI ist die Methode, den Geist des Unternehmens in die Köpfe der Mitarbeiter zu transportieren und ihn von dort in den Markt zu übertragen.“

„Begeisterung ist, konkret verstanden, eine Be-Geisterung. Begeisterung der Mitarbeiter für ihr Unternehmen, ihre Arbeit, ihre Aufgabe kann nur entstehen, wenn es einen Geist gibt.
Das geistige, nicht das materielle Element bringt Unternehmen vorwärts. Cl bewirkt Be-Geisterung."
(Roman Antonoff, CI-Report)

GEFÜHLE ENTSCHEIDEN AUCH HIER

Wie wichtig die Gefühle sind, darüber haben wir schon ausführlich gesprochen. Gerade im Umgang mit Menschen müssen wir diese Erkenntnis beachten. Denn viel zu oft versuchen wir „rational" den anderen zu überzeugen, ihn zu begeistern, zu motivieren. Wir suchen Erklärungen und Argumente, geben Anweisungen, diskutieren und argumentieren ... und immer wieder nur auf der Verstandesebene.
Dieses rationale Denken herrscht überall vor: In den Vorstandsetagen größter Unternehmen, in kleinen Firmen, im Umgang mit dem Partner und mit den Kindern. Ja, selbst in der Schule versuchen die Lehrer, Schüler mit Wissen vollzustopfen, ohne sich klar darüber zu sein, daß zuerst einmal das Gefühl der Kinder angesprochen werden muß!

Wie wichtig das Gefühl bei der Vermittlung von bestimmten Informationen und Botschaften ist, können wir immer wieder bei der schon oft von mir angesprochenen Werbung beobachten. Auch wenn diese Sendungen von vielen Menschen nicht sehr geschätzt, ja sogar abgelehnt werden, sind sie ideale Anschauungsobjekte für uns.

Schauen Sie sich einmal bewußt die Werbung an: Immer wieder wird das Gefühl der Zuschauer angesprochen. Selbst größte Unternehmen werben für Ihre Produkte oder Ihre Leistungen mit emotionalen Aussagen. Überall werden durch Bilder Gefühle und unbewußte Wünsche der Menschen angesprochen.
Wenn wir erfolgreich mit anderen Menschen umgehen wollen, dann müssen wir uns diese Gedanken immer wieder vor Augen führen!

DIE FRAGE NACH DEM: WOZU?

An dieser Stelle und in diesem Zusammenhang müssen wir uns fragen, was eigentlich „Motivation" bedeutet. Die genaue Definition lautet so: „Motivation ist die umfassende Bezeichnung für bewußte und unbewußte, angeborene und erlernte psychische Prozesse und Zustände, die unsere Umgangssprache mit den Begriffen Affekt, Antrieb, Bedürfnis, Drang, Einstellung, Gefühl, Interesse, Lust, Stimmung, Trieb, Wille, Wunsch, usw. beschreibt."
Die Frage nach der Motivation ist also die Frage nach den Beweggründen des Verhaltens, d. h. das, was uns veranlaßt, uns so und nicht anders zu verhalten.
Das Entscheidende bei einem erfolgreichen Umgang mit anderen Menschen sind die verschiedenen Antriebe in ihm: Die Wünsche und Ziele, die ein Mensch hat und erreichen möchte, seine Bedürfnisse und Triebe, Dinge, die immer wieder mit dem Gefühl und mit der Einstellung eines Menschen zusammenhängen. Antriebe entscheiden, wenn es um den Umgang mit Menschen, um Motivation geht.

Hinter diesem Begriff der „Motivation“ verbergen sich allerdings zwei verschiedene Arten von „Antrieben“, die primären und sekundären Motivationssysteme.
Bei dem primären Motivationssystem geht es um die Grundbedürfnisse des Menschen: Um das Verlangen, seinen Hunger zu stillen, seinen Körper warm zu halten oder seine Sexualität auszuleben. Es sind Bedürfnisse, die ganz direkt mit dem Überleben des Menschen zusammenhängen.
Diese Art der Motivation steckt in jedem Menschen, auch in dem, der sich scheinbar um nichts kümmert und einfach so in den Tag hineinlebt. Diese Antriebe sind angeboren und gehören zur ganz natürlichen Selbsterhaltung.
Ganz anders sieht es mit den sekundären Motivationen aus, zu denen sehr komplizierte Antriebsmechanismen gehören:
Das Streben nach Erfolg und Anerkennung, Verantwortungsbewußtsein für andere Menschen oder auch Gefühle wie Haß, Rache und Eifersucht. Diese Antriebe sind nicht angeboren, sondern werden von jedem Menschen ganz unterschiedlich erlernt - so, wie es seine Umwelt ihm vorgibt.
Denken Sie in diesem Zusammenhang einmal an ein Kind. Es kann sich nur an dem orientieren, was es in seiner Familie oder in seiner direkten Umwelt kennenlernt. Und natürlich verinnerlicht ein Kind auch all das, was es bei seinen Vorbildern und bei all dem, worauf es seine Aufmerksamkeit lenkt (Eltern, Lehrer, Schulkameraden, Freunde, Fernsehen ...), sieht:
Ob sie ihm Mut, Kraft und Willen zu einer Leistung vorleben, wie sie Probleme und Sorgen bewältigen, wie sie sich selbst und den Partner, den Mitmenschen behandeln, bis hin zu solchen Bereichen wie Bekleidung, Sprache und Umgangsformen.

Das Kind nimmt auch auf, womit sich seine Eltern beschäftigen und was sie antreibt, wie sie sprechen und was für sie wichtig und bedeutsam im Leben ist. Ob sie ihre Aufmerksamkeit immer nur auf die negativen Seiten des Lebens richten, ständig die Fehler und Schwächen bei sich und anderen sehen, oder ob sie sich mit positiven Dingen beschäftigen, mit Dingen, die Mut und Lebenswillen schaffen, die zeigen, daß das Leben auch sehr viel Freude machen kann, daß das Leben wirklich lebenswert ist.

Bereits in dieser frühen Phase werden die Weichen dafür gestellt, ob sich diese sekundäre Motivation gut und stark entwickeln wird, je nachdem, wie sich Eltern und Umwelt verhalten, ob sie die Versuche des Kindes positiv unterstützen, es loben und aufbauen, Mißerfolge wohlwollend übersehen oder ob sie das Kind kleinhalten und bremsen. Je mehr man die Selbstständigkeit eines Kindes fördert und unterstützt, umso besser entwickelt sich sein Selbstvertrauen und damit auch seine Motivation, etwas zu leisten, eine Arbeit oder eine gestellte Aufgabe erfolgreich durchzuführen.

Das gleiche gilt jedoch nicht nur für Kinder, sondern für jeden einzelnen von uns, für uns selbst, für unsere Familie, Freunde und Mitarbeiter. So wie wir unsere Mitmenschen behandeln, können wir sie in ihrer Leistung fördern oder hemmen.

Peters und Waterman, die Autoren des Buches „Auf der Suche nach Spitzenleistungen" schreiben dazu:

„Glauben wir als Geschäftsleitung, unsere Mitarbeiter seien nur zu 75 % Leute, die stehlen, faul, dumm, schlecht oder unqualifiziert sind, dann haben wir eben genau diesen Mitarbeiterstamm. Umgekehrt, sind wir als Geschäftsleitung sicher, daß 98 % unserer Belegschaft eine Superleistung bringen, einsatzfreudig, willig und dem

Unternehmen gegenüber positiv eingestellt sind, dann haben wir eben das Haus in Ordnung, eine wohlmotivierte und positiv gestimmte Mitarbeiterschaft, die tolle Leistungen bringt."

POSITIV BEHANDELN!

Wenn wir die Menschen so behandeln wie sie sind, dann machen wir sie schlechter.
Behandeln wir sie dagegen schon so, wie sie sein sollten, dann bringen wir sie dahin, wohin sie zu bringen sind.

JOHANN WOLFGANG VON GOETHE

Dieses Zitat von Goethe ist ein wesentlicher Schlüssel zur inneren Welt der anderen Menschen. Wenn wir diesen Gedanken akzeptieren und in die Tat umsetzen wollen, dann heißt das für uns:
Je mehr wir also die Selbständigkeit und das Selbstwertgefühl eines Menschen fördern, um so stärker wird sein Selbstvertrauen und damit auch seine Fähigkeit, etwas zu leisten, eine gute Arbeit zu machen.
Bei einem erfolgreichen Umgang mit unseren Mitmenschen, ob jung oder alt, geht es immer darum, ob wir diesen Menschen helfen, Zutrauen zu sich selbst zu entwickeln. Und damit entwickelt sich auch der Anspruch an sich selbst, die eigenen Anstrengungen allmählich zu steigern und immer größere Hindernisse und Aufgaben anzugehen.
So entsteht bei dem Menschen das, was die Psychologen als das „Anspruchsniveau" bezeichnen. Das bedeutet nichts anderes als den Wunsch jedes Menschen, seine Ar-

beit möglichst gut und erfolgreich zu machen, sich bei einer Aufgabe wirklich anzustrengen, sie nicht nur so schlecht und recht hinter sich zu bringen. Dieses Anspruchsniveau kann sich nur dann entwickeln, wenn der Mensch immer größere Aufgaben angeht, sich immer größeren Anforderungen stellt.
Erinnern Sie sich hier noch einmal an die Zeit, als Ihr Sohn oder Ihre Tochter mit den ersten Schritten begannen. Wie haben Sie gelobt, angespornt, motiviert und sich gefreut. Das war positive Menschenbehandlung, Sie haben es verstanden, Hindernisse, Hemmungen, Blockaden und Reibungen auszuschalten.

„Die Kunst der richtigen Menschenbehandlung ist ein wesentliches Geheimnis, Reibungen auszuschalten. Überall sind Reibungen, selten von der Natur aus, meistens von Menschen geschaffen und hervorgerufen. Die Welt, die Natur ist vollkommen überall. Wir sind es selber, die das Elend und Leid zeugen und schaffen."

(Oscar Schellbach, „Siebenmal Lebenskunst")

Wenn Sie die Grundsätze, die für Sie selbst gelten sollen, auch im Umgang mit Ihren Mitmenschen beachten, und wenn Sie sich immer wieder bemühen, die vielen kleinen und kleinsten Reibungen im Verhältnis zu Ihren Mitmenschen auszuschalten, dann sind Sie einen weiteren Schritt in Richtung einer erfolgreichen und harmonischen Zukunft vorangekommen.
Denken Sie bitte hier noch einmal an die Einleitung zu diesem Kapitel. Ich sagte Ihnen hier:
Wir sind keine „Einzelwesen", keine Wesen, die den anderen oder die anderen nicht brauchen. Und trotz der so oft angesprochenen „Selbstverwirklichung" gehören die

anderen Menschen zu uns und sind für unseren Erfolg ganz entscheidend mitverantwortlich. Es ist nicht gut, „allein zu leben“, und erst durch das Gemeinsame, durch die gemeinsamen Wünsche und Ziele, die wir mit unserem Partner und unserer Familie, aber auch mit unseren Mitarbeitern erreichen wollen, lohnt sich unser Leben.

PRAXIS

Mit Menschen umgehen

Wenn Du mit anderen ein Schiff bauen willst, so beginne nicht, mit ihnen Holz zu sammeln, sondern wecke in Ihnen die Sehnsucht nach dem großen weiten Meer.

Antoine de Saint-Exupéry

ERWARTUNGEN

Unsere Erwartungen beeinflussen unser Handeln und unser Verhältnis zu den anderen Menschen. Genauso wie die Erwartungen der anderen Menschen ihre Einstellung und ihr Verhalten uns gegenüber bestimmen.
Prüfen Sie also immer wieder Ihre „Erwartungshaltung“. Vor allem dann, wenn Sie in einer bestimmten Situation Schwierigkeiten haben, wenn Sie von anderen Menschen enttäuscht werden oder wenn die anderen nicht so reagieren, wie Sie es erwartet haben.

Ich gehe erfolgreich mit Menschen um!

VORURTEILE

Unsere Vorurteile beeinflussen unser Handeln und damit auch das, was wir im Umgang und im Zusammenleben mit den anderen Menschen erleben werden!

Besonders Vorurteile führen oft zu einer völlig falschen Einschätzung einer Situation und können somit verheerende Auswirkungen haben.
Stellen Sie sich positiv oder wenigsten neutral zu einer Sache, einer Situation oder zu einem Menschen ein.

WÜNSCHE UND ZIELE

Wünsche, Wunschvorstellungen und Ziele beeinflussen unser Handeln und übertragen sich auf den anderen Menschen!
Wecken Sie in dem anderen Menschen, in Ihrem Partner, ihren Kindern, in Ihren Mitarbeitern Wünsche, Interessen und klare Ziele. Ziele, nicht nur im Beruf, wie die Beförderung oder bestimmte Umsatzziele, sondern auch im privaten Bereich. Wünsche und Ziele, für die es sich lohnt, eine Leistung zu bringen. Ziele, die die Lebensfreude und Lebensqualität verbessern.
Verstärken Sie seine Kraft, indem Sie an seine Zielerreichung glauben und das Erreichen von kleinen Teilzielen lobend erwähnen!

ÄNGSTE

Unsere Ängste und Befürchtungen übertragen sich auf den anderen Menschen und steuern damit auch seine Handlungen!
Ängste steuern unbewußt die Aufmerksamkeit. Unbe-

wußt nimmt auch der andere Mensch wahr, was wir selbst fürchten und richtet so seine Erwartungen, sein ganzes Verhalten danach aus.

MITEINANDER REDEN KÖNNEN!

Ein erfolgreicher Umgang mit Menschen setzt immer voraus, daß wir es verstehen, mit dem anderen so reden zu können, daß er uns auch wirklich versteht.
Lernen Sie dazu, auf Ihre eigenen Worte zu hören. Achten Sie sorgfältig auf alles, was Sie sagen. Machen Sie sich bewußt, wenn Sie sich verbittert und negativ äußern.
Jedes Wort, das Sie sprechen, müssen Sie genau analysieren und abwägen.
Lernen Sie, gegen sich selber vollkommen ehrlich zu sein. Fragen Sie sich bei jeder negativen Äußerung: „Kann ich das nicht auch positiv sagen?“
Bemühen Sie sich, von jetzt ab immer das Gegenteil von dem zu sagen, was Sie bisher aus Gewohnheit negativ formulierten.
Achten Sie einmal darauf, um wieviel besser das klingt!
Gebrauchen Sie Worte voller Zuversicht, Hoffnung, Lebensfreude und Bejahung.
Bemühen Sie sich, in allem, was Ihre Mitmenschen sagen und tun, immer wieder die positiven Seiten zu sehen.
Einen erfolgreichen und harmonischen Umgang mit anderen Menschen erreichen Sie, indem Sie sich immer wieder in die Situation des anderen hineinversetzen.
Fragen Sie sich dazu:
Was fühlt der andere, wenn ich so mit ihm spreche?
Was geht in dem anderen vor, was läuft in seinem Denken ab, in seinem Bewußtsein, wenn er in eine bestimmte

Situation kommt, wenn ich ihm eine bestimmte Aufgabe übertrage?
Begeistern ihn die Firmenziele, und steht er hinter der Philosophie unseres Unternehmens?
Wie ist die Unterstützung durch seinen Partner, seine Familie?
Welche Ziele will er erreichen, welche Wünsche will er sich erfüllen?

UMGANG MIT DEM MITARBEITER

Das, was ich einem anderen zutraue und das, was ich von ihm erwarte, das beeinflußt sein Verhalten und seine Leistung. Deshalb steckt in der positiven Erwartungshaltung des Vorgesetzten gegenüber seinen Mitarbeitern eines der größten Motivationspotentiale.

Das heißt:

Je mehr der Vorgesetzte an seine Mitarbeiter glaubt, auf sie setzt und sie herausfordert, um so höher ist der Erfolg. Ohne positive Erwartungshaltung gibt es keine außergewöhnliche Leistung.
Die Selbstwerteinschätzung des einzelnen ist sehr stark von der Reaktion der anderen abhängig!
Ohne eine verbesserte Selbstwerteinschätzung gibt es keine wirkliche Leistungssteigerung.
Wer das Selbstwertgefühl seiner Mitarbeiter erniedrigt, verringert automatisch ihre Leistungsfähigkeit!

Je mehr wir also die Selbständigkeit und das Selbstwertgefühl eines Menschen fördern, um so stärker wird sein Selbstvertrauen und damit auch seine Fähigkeit, etwas zu leisten. Und damit entwickelt sich auch der Anspruch an sich selbst, die eigenen Anstrengungen allmählich zu steigern und immer größere Hindernisse und Aufgaben anzugehen.

(HANS CHRISTIAN ALTMANN)

Helfen und unterstützen Sie Ihre Mitarbeiter dabei:

- Geben Sie Ihren Mitarbeitern jede Form von Anerkennung.
- Nehmen Sie die Ideen Ihrer Mitarbeiter immer ernst.
- Schaffen Sie für Ihre Mitarbeiter Erfolgserlebnisse.
- Auch wenn eine Leistung noch so gering ist, erkennen Sie sie an.
- Erkennen Sie eine Leistung „offiziell" an.
- Heben Sie spezielle Kenntnisse und Fähigkeiten hervor.
- Wecken Sie das Interesse an einer Aufgabe.
- Lenken Sie die Aufmerksamkeit auf das, was er richtig und erfolgreich macht.
- Behandeln Sie Ihre Mitarbeiter immer so, wie sie sein sollten.
- Sprechen Sie mit Ihrem Mitarbeiter über „seine Möglichkeiten" und über das, was er sich zutraut.
- Muntern Sie Ihre Mitarbeiter auf, wenn sie die Köpfe hängen lassen.
- Wecken Sie bei Ihren Mitarbeitern Wünsche, Neigungen und Interessen. (CI, Leitbilder und Firmenkultur.)
- Machen Sie jedem einzelnen Mitarbeiter bewußt, welche Ziele „sein Unternehmen" hat und welchen Nutzen er den Kunden bringen kann.
- Schaffen Sie positive, aufbauende Firmenleitsätze.

- Wecken Sie durch dieses „Bewußtmachen“ in jedem Mitarbeiter eine Idee. Eine Idee, für die es sich lohnt, Kraft, Energie und Einsatz aufzubringen.
- Verstärken Sie die Identifikation zwischen Mitarbeitern und dem Unternehmen.
- Schaffen Sie ein Gemeinschaftsgefühl.
- Geben Sie Ihren Mitarbeitern das Gefühl, das Unternehmen mitprägen zu können.
- Lenken Sie bewußt und unbewußt die Aufmerksamkeit Ihrer Mitarbeiter auf Ihre positiven Firmenleitsätze.

XI.

Die Zukunft liegt in uns

Nichts ändert sich unter der Sonne – sagen die Verzweifelten. Wie konntest du dann, Mensch, denkender Mensch – außer du wolltest dein Denken verleugnen – wie konntest du dann aus der Tierheit auftauchen?

Pierre Teilhard de Chardin

UNSERE ZUKUNFT

Eine neue, eine bessere Zukunft wollen wir uns aufbauen – das ist der Wunsch fast jedes Menschen. Wir können das aber erst dann, wenn wir uns diese gewünschte Zukunft auch vorstellen können. Unsere Vorstellungskraft versagt, wenn ständig Zweifel, Angst und Mißtrauen in uns aufkommen.

Für uns muß es heißen: Ja zu allem, was positiv und aufbauend ist! Nein zu allem Negativen, das uns nach unten ziehen will!

Viktor E. Frankl hat in einem Vortrag, dem er den Titel gab „Trotzdem hat das Leben einen Sinn“, folgende Beispiele angeführt: „In Detroit, in der Autostadt, ist einmal die Selbstmordrate plötzlich gesunken, unten geblieben

sechs Wochen und plötzlich wieder in die Höhe gegangen. Wissen Sie, was während der sechs Wochen los war? Ein kompletter Zeitungsstreik, und über keinen einzigen Selbstmord konnte berichtet werden, kein Selbstmord breitgetreten werden …
In einem Kanton in der Schweiz war man übereingekommen, ein Jahr lang über keinen Selbstmord zu berichten. Rückgang der Selbstmordrate in diesem Jahr um 90 % …".
Dieses Beispiel spricht für sich selbst. Wir alle wissen auch um die Problematik dieser Situation – aber was ist die Wirklichkeit: Wird uns von außen nicht in einem unvertretbarem Maße Angst gemacht? Werden nicht in jedem einzelnen Menschen Gefühle geweckt, die ihn einen positiven Sinn des Lebens nicht mehr erkennen lassen und ihm immer wieder den Mut nehmen?

Was heute der Zeit, den Medien, den Politikern und genauso vielen Menschen fehlt, ist zum einen der Glaube an die positive, aufbauende Kraft jedes einzelnen Menschen und zum anderen der Mut und auch die Ehrlichkeit, bei sich selbst mit positiven Schritten zu beginnen. Stattdessen werden immer wieder Schuldzuweisungen ausgesprochen und der andere aufgefordert, endlich zu handeln.

„Aber es ist niemand da, über den man richten könnte", sagte der kleine Prinz. „Du wirst also über dich selbst richten", antwortete ihm der König. „Das ist das Schwerste. Es ist viel schwerer, sich selbst zu verurteilen, als über andere zu richten. Wenn es dir gelingt, über dich selbst zu Gericht zu sitzen, dann bist du ein wirklicher Weiser." Das schrieb Antoine de Saint-Exupéry in seinem Buch „Der kleine Prinz".
Für eine erfolgreiche und harmonische Zukunft müssen wir zuerst bei uns selbst die Ursachen erkennen. Wir

müssen uns fragen, ob wir weiter in die einmal eingeschlagene Richtung gehen wollen oder ob wir nicht unser Denken und unser Handeln ändern müssen.
Ein neuer Anfang kann für uns nur aus unserer positiven Einstellung entstehen, nur aus der positiven Grundeinstellung zu sich selbst, zum Partner und dem Mitmenschen, zum Leben und zur gesamten Zukunft.
Es muß nicht sein, daß wir uns das Leben schwerer machen. Zwar gibt es Grenzen für unseren Einfluß auf das Schicksal, doch der Spielraum bis dahin ist so groß, daß wir uns nach Herzenslust frei bewegen können, um aus eigener Kraft aus unserem Leben etwas Sinnvolles und Befriedigendes zu machen. Und was uns betrifft, das hat auch Geltung für das Schicksal aller Menschen.

Unser Grundsatz und der Grundsatz des positiven Denkens ist der: aller Welt zu zeigen, daß es möglich ist, allein durch die Kraft des Geistes alle Spannungen auszugleichen, die das menschliche Dasein in unserer Zeit mit so zerstörender Angst, Sorge und Unruhe erfüllen. Brükke und Beispiel zu sein für den segenbringenden Einfluß menschlichen Verstehens, gegenseitiger Achtung und Wertschätzung und vertrauensvoller positiver Zusammenarbeit!
Auch der Friede in der Welt ist nur auf diesem Wege zu erhalten und zu sichern. Gewiß ein schwieriges Unterfangen, dennoch, keine Aufgabe kann lohnender sein. Ist das eine Utopie?
Ganz gewiß nicht, es kommt nur darauf an, daß der Gedanke aufgenommen wird und immer mehr Menschen beginnen, sich selbst und ihre Umwelt mit lebensbejahendem, aufbauendem Denken zu erfüllen.

„Das fruchtbarste Lernen ist die Überwindung des eigenen Irrtums. Wer keinen Irrtum eingestehen will, kann ein großer Gelehrter sein, aber er ist kein großer Lerner. Wer sich des Irrtums schämt, der sträubt sich, ihn zu erkennen und zuzugeben; d. h. er sträubt sich vor einem besten innerlichen Gewinn. Da jedermann irrt, da die Weisesten geirrt haben, so haben wir keinen Grund, unsern Irrtum als etwas Schändliches zu empfinden."

(Johann Wolfgang von Goethe)

Die Zukunft beginnt heute!

Der Mensch hat keinen anderen Wert als seine Wirkungen.

FRIEDRICH SCHILLER

BEGINNEN SIE JETZT

„Wissen allein nützt nichts, wir müssen handeln“, sagt ein Sprichwort. Also fangen wir an, nicht nur viele Bücher über ein positives und erfolgreiches Leben zu lesen, sondern handeln wir auch wie ein positiver Mensch.

Ziehen Sie einen Schlußstrich unter die Vergangenheit. An der Vergangenheit können Sie nichts ändern, sondern nur aus ihr lernen. Beginnen Sie ab heute, an Ihrem Glück und an Ihrem Erfolg zu arbeiten.

Fragen Sie sich nach dem Sinn Ihres Lebens. Kein Leben, aber auch keine Aufgabe, und sei sie auch noch so „klein“, ist sinnlos.

Schaffen Sie sich berufliche Ziele. Denken Sie dabei vor allem auch an Ihre Familie, Ihre Freizeit und Ihre Hobbys im Alter, denn dafür arbeiten Sie ja!

Machen Sie sich einmal bewußt, daß die meisten Selbstmorde und Familientragödien an Feiertagen und an Wochenenden stattfinden, weil mit einem Mal keine Aufgaben mehr da sind und die Menschen mit Ihrer Zeit oft nichts Sinnvolles anzufangen wissen.

Denken Sie daran, daß der Mensch und auch Sie die Partnerschaft und den Umgang mit anderen brauchen.

Denken Sie ab heute nur noch positiv über sich selbst! Auch dann, wenn es nicht immer gleich klappt.

Die Menschen, und auch Sie, haben viel mehr positive als negative Eigenschaften, auch wenn Sie diese im Augenblick noch nicht sehen. Glauben Sie an sich selbst und unterschätzen Sie Ihre Fähigkeiten nicht!

Sehen Sie nicht immer nur das Negative in Ihrem Leben und in der Umwelt. Es muß diese negativen Seiten, das Schlechte, die Krankheit und den Mißerfolg geben.

Wie sollten wir sonst das Gute und Schöne erkennen? Würde es das Tal nicht geben, gäbe es auch keinen Berg. Würde es die Dunkelheit nicht geben, gäbe es auch keine Helligkeit.

Schaffen wir uns durch unser positives Denken die Kraft, das Negative in uns und in unserer Welt zu überwinden. Lenken Sie ganz bewußt Ihre Aufmerksamkeit immer wieder auf das Schöne, auf das Positive im Leben. Es gibt ja diese schönen Dinge, auch dann, wenn immer wieder das Gegenteil behauptet wird.

Für uns aber heißt es: Beachten Sie nicht immer nur das Negative, lenken Sie Ihre Aufmerksamkeit auf das Positive!

Schaffen Sie sich täglich kleine Erfolgserlebnisse. Erfolgserlebnisse dadurch, daß Sie Ihre Ziele im Beruf, in der Schule, aber auch in der Freizeit und im Hobby in kleine Teilziele zerlegen und sich nur auf das Erreichen dieser Teilziele konzentrieren. Diese kleinen Erfolgserlebnisse stärken das Selbstvertrauen, geben Mut und Lebensenergie. So wie ein Sportler seinen Weg zur Spitzen-

leistung in kleinste Schritte einteilt, so müssen Sie Ihr Leben einteilen. Nicht die Größe des ersten Schrittes ist entscheidend, sondern seine Richtung.
Belohnen Sie sich, wenn sie den Tag vollbracht und ein Teilziel erreicht haben. Jeder Mensch braucht seine Streicheleinheiten – Sie auch!
Loben Sie die anderen. Loben Sie Ihren Partner, Ihre Kinder und Ihre Mitarbeiter. Ein Lob motiviert mehr als jeder Tadel.
Denken Sie bitte immer wieder daran: Wenn Sie „Streicheleinheiten und Erfolgserlebnisse" brauchen, Ihr Partner braucht sie auch!
Sorgen Sie für eine optimale Gesundheit und für ausreichende Nervenkraft. Informieren Sie sich über eine gesunde Lebensweise, über Bewegungs- und Entspannungstraining.
Denken Sie aber immer wieder daran: Alles, was Sie für die Gesundheit Ihres Körpers, Ihres Geistes und Ihrer Seele tun, das soll Ihnen Freude machen.
Nicht daß Sie z. B. bei der „gesunden Ernährung" krank werden, weil Ihnen das Essen nicht schmeckt und Sie mit „Zorn im Bauch" am Tisch sitzen.
Wir wissen nicht, wie lange unsere Zeit hier auf dieser Erde bemessen ist – ob Monate, Jahre oder noch Jahrzehnte. Bemühen Sie sich also, aus jedem Tag einen schönen Tag zu machen.
Genießen Sie dieses Leben, denn es ist das Wertvollste, was uns unser Schöpfer mitgegeben hat.

ZUSAMMENFASSUNG UND RATSCHLÄGE FÜR DIE ZUKUNFT

Fragen Sie nach dem Sinn des Lebens und dem Sinn der täglichen Arbeit.

Eine entscheidende Hilfe ist hierbei die Frage nach den Wünschen; den Wünschen, die wir uns selbst erfüllen wollen. Wünsche, die wir mit unserem Partner, mit unserer Familie verwirklichen wollen. Aus unseren Wünschen ergeben sich durch systematische Fragen unsere verschiedenen Ziele.
Sprechen Sie auch mit Ihren Mitarbeitern über die verschiedenen beruflichen Wünsche.
Wünsche sprechen die Gefühle der Menschen an. Auch die Philosophie einer Firma sollte das bei der Aufstellung der Leitgedanken beachten.

Formulieren Sie die Leitgedanken oder die Philosophie mit so klaren und einfachen Worten, daß sie jeder verstehen kann.
Denken Sie immer wieder daran: Der Verstand hat im Kampf gegen das Gefühl kaum eine Chance.
„Gedanken, die mein Gefühl beherrschen, lenken und leiten mich, lassen mich siegen oder untergehen." Handeln Sie bei sich selbst, bei Ihrem Partner, Ihrer Familie, bei Ihren Mitarbeitern und Ihren Kunden immer nach diesen Gedanken.

Bemühen Sie sich, in jeder Situation immer wieder das Positive zu sehen und zu erkennen!
Fragen Sie sich: Was habe ich falsch gemacht? Was kann ich ändern? Was kann ich nicht ändern? Muß ich eigentlich negativ über eine Situation denken?

Lenken Sie Ihre Aufmerksamkeit immer wieder ganz bewußt auf positive Dinge. Denken Sie an die „innere Waage“, an Ihr „Inneres Ich“. Wer sich immer nur mit negativen Dingen beschäftigt oder beschäftigen muß, braucht einen Ausgleich, um sein „Inneres Ich“ wieder ins Gleichgewicht zu bringen.

Schaffen Sie sich täglich kleine Erfolgserlebnisse, kleine Höhepunkte. Erleben Sie diese kleinen Höhepunkte gemeinsam mit Ihrem Partner, Ihrer Familie. Denken Sie immer wieder daran: „Freude ist das Grundgesetz unseres Lebens“.

Denken Sie positiv über sich selbst! Glauben Sie an sich selbst! Der Mensch leidet im allgemeinen nicht an Überschätzung, sondern an Unterschätzung!

Jede Situation in unserem Leben hat zwei Seiten. So muß es den Mißerfolg geben, damit wir erkennen, welcher Weg der richtige ist. Wichtig ist, daß wir das erkennen und aus den einzelnen Situationen lernen.

Denken Sie positiv über Ihren Partner, Ihre Mitarbeiter, Vorgesetzten und die anderen Menschen. Jeder ist nur ein Mensch mit all seinen Fehlern und Schwächen, wie Sie auch!

Sorgen Sie für ausreichend Nervenkraft!
- Erholsamen Schlaf.
- Vernünftige, gesunde Ernährung.
- Genügend körperliche Bewegung, vor allem ausdauernde Bewegung.
- Richtige Atmung.
- Der Sinn des Lebens, unsere Wünsche und Ziele.

- Lebensfreude und eine positive Einstellung.
- Als zusätzliche Aufladestation: Immer wieder entspannen!

Entspannungsübungen:
- Autogenes Training
- Atemübung
- Muskelentspannung
- Kurzentspannung
- Konditionierung

Wichtig bei der Entspannung:
Keine zu langen Übungen, und die Übungen fest in den Tagesablauf einplanen. Denken Sie bei der Entspannung auch immer wieder an die Freude!
Alle Übungen müssen Ihnen Freude machen – denn Ihr Gefühl muß mitarbeiten.

Steigern Sie Ihr Selbstvertrauen und Ihre innere Sicherheit durch:
- Klare Zielsetzung
- Eine exakte Vorbereitung
- Bessere Nervenkraft
- Eine positive Einstellung
- Durch bewußte positive Selbstsuggestion

Fragen Sie immer nach den Ursachen eines mangelnden Selbstvertrauens und nach den Ursachen für den Mißerfolg.

Fragen Sie: Wann – was – wie – warum?

Suchen Sie die Ursachen nicht bei anderen, beginnen Sie bei sich selbst, da können Sie etwas ändern.

Stärken Sie Ihre Konzentrationsfähigkeit durch:
- Zielklarheit
- Gute Nervenkraft
- Entspannung
- Genaue Arbeitsweise
- Eine positive Einstellung zu der Tätigkeit

Schalten Sie innere und äußere Störungen – so gut es geht – aus.

Unterstützen Sie Ihre Gesundheit durch bewußte Selbstsuggestion. Unterstützen Sie eine Therapie durch bewußte Selbstsuggestion.

Zwischenmenschliche Beziehungen:
- Akzeptieren Sie den anderen mit seinen Fehlern und Schwächen.
- Verlangen Sie nichts von anderen, was Sie nicht auch von sich selbst verlangen würden.
- Zwingen Sie ihm kein Verhalten auf, sondern ändern Sie Ihr Verhalten.

Literaturhinweise

Roman Antonoff: „CI-Report 86/87“, in: Frankfurter Allgemeine Zeitung.

Roman Antonoff: „CI-Report 92“, Identicon Verlag, Darmstadt.

Hans Christian Atmann: „Positives Denken-Schlüssel zur Verkäufermotivation“, in: Frankfurter Allgemeinen Zeitung.

Richard Bach: „Die Möwe Jonathan“, Ullstein Verlag, Berlin.

Hermann Hesse: „Die Einheit hinter den Gegensätzen“, Suhrkamp Verlag, Frankfurt.

Douglas R. Hofstadter: „Gödel, Escher, Bach“, Ernst Klett Verlag, Stuttgart

Josef Kirschner, „Manipulieren – Aber richtig“, Droemer Knaur Verlag, München.

Humberto R. Maturana / Francisco J. Varela: „Der Baum der Erkenntnis“, Scherz Verlag, München.

Peters/Waterman, „Auf der Suche nach Spitzenleistungen“, Toncassetten, mvg.

Antoine de Saint-Exupéry: „Worte wie Sterne“, „Der kleine Prinz“. Herder Verlag, Freiburg

Hans Jürgen Schellbach: „Pessimismus ist heilbar“, Herder Verlag, Freiburg.

Hans Jürgen Schellbach: „Strategien zum Erfolg“, Schellbach Verlag, Baden-Baden.

Hans Jürgen Schellbach: „Konzentrationssteigerung durch Mental-Dynamik“, Schellbach Verlag, Baden-Baden.

Oscar Schellbach: „Mein Erfolgs-System“, Bauer Verlag, Freiburg.

Alfred Stelter: „PSI-Heilung“, Scherz Verlag, München.

Alfred Stelter:“Artikel im „Kontakt“, Schellbach-Verlag, Baden-Baden.

Gordon Rattray Taylor: „Die Geburt des Geistes“, „Das Geheimnis der Evolution“, Fischer Verlag, Frankfurt.

Paul Tholey / Kaleb Utecht: „Schöpferisch Träumen“, Falken Verlag, Niedernhausen.

Victor Frankl: „Das Leiden am sinnlosen Leben“, Herder Verlag, Freiburg.

Verweisregister

Verzeichnis der Zitate

Auf den Erfolg dürfen Sie nicht warten, Sie müssen sich ihn holen!

Über 5 Millionen Menschen aus aller Welt haben seit 1921 in Seminaren, Vorträgen, Veranstaltungen und Veröffentlichungen des Schellbach-Hauses das „Neue Denken“ kennengelernt. Die Gesamtauflage aller Schellbach Publikationen, Bücher, Cassetten und Zeitschriften, übersteigt viele Millionen.

Woher kommt dieser Erfolg? Er steckt im Thema selbst – im „Neuen Denken“: Das macht erfolgreich. Erfolg bedeutet für uns mehr als rein materieller Erfolg. Erfolg ist für uns auch Gesundheit, Zufriedenheit, Harmonie in der Partnerschaft, in der Familie, mit den Mitarbeitern und im Umgang mit anderen Menschen.

Oscar Schellbach hat in 5 Jahrzehnten das System des „Neuen Denkens“ entscheidend weiterentwickelt. Ein System, das Ihr Dasein in allen Lebenslagen erfolgreich und harmonisch zugleich macht. Denn dieses System betrachtet den Menschen als Ganzheit – das Private wie den Beruf, die Familie und die Karriere. Weil durch die harmonische Abstimmung von Körper, Geist und Seele oft latente innere Kräfte freigesetzt werden. Damit trägt das „Neue Denken“ aus dem Hause Schellbach dem Wertewandel, der unsere Gesellschaft in diesem Jahrzehnt bestimmt, besondere Rechnung.

Hans Jürgen Schellbach setzt seit über einem Jahrzehnt das Lebenswerk seines Vaters erfolgreich fort und gab ihm eine ganz neue Dimension. Und zwar dadurch, daß er das „Neue Denken“ auch für bedeutende nationale und internationale Unternehmen nutzbar machte. Hunderttausende Menschen, darunter Unternehmer, Führungskräfte und Spitzensportler vieler Nationen, haben durch seine Seminare, Bücher und Cassetten erkannt, wie sehr ihre innere Einstellung zum Erfolg und Wohlbefinden beiträgt.
So hat das „Neue Denken“ den Erfolg dieser Führungskräfte in den Chefetagen und den Gewinn olympischer Goldmedaillen dieser Spitzensportler mitgeprägt. Die Erfahrung, die das Schellbach-Haus in 70 Jahren auf dem Weg zum „Neuen Denken“ und zum Erfolg gemacht hat, steckt in den drei Bereichen, Akademie, Institut und Verlag – sie bilden die drei Säulen des Schellbach-Hauses.
Die Schellbach-Akademie für Führungskräfte führt Seminare, Einzeltraining und Firmenschulungen zum ganzheitlichen Denken durch. Dabei gehen wir davon aus, daß Erfolg nur dann möglich ist, wenn die natürliche Einheit von Körper, Geist und Seele beachtet wird. Und daß nur zufriedene und motivierte Mitarbeiter, die wissen, was sie wollen und können, zum Erfolg ihres Unternehmens beitragen.

Das Schellbach-Institut veranstaltet Kurse für jedermann. Einen besonderern Schwerpunkt bildet dabei der Intensiv-Kurs zur Persönlichkeitsentfaltung. Dieser Intensiv-Kurs ermöglicht es, latente innere Energien zu aktivieren, und im täglichen Leben erfolgreich umzusetzen.

Der Schellbach-Verlag bietet mit über 100 Cassetten, zahlreichen Büchern, einem Zeit- und Zielplanungssystem und der Zeitschrift „Kontakt“, die 1993 bereits im 44. Jahrgang erscheint, ein vielseitiges Verlags-Programm, das jeder individuell für sich und seinen Erfolg nutzen kann.

Gerne senden wir Ihnen ausführliche Unterlagen zu.

SCHELLBACH-HAUS
7570 Baden-Baden, Postfach 907,
Telefon: 07221/93560, Fax: 07221/935650

Hans Jürgen Schellbach
Inhaber des Schellbach-Verlages und Herausgeber der Zeitschrift „KONTAKT“. Autor der im Herder-Verlag erschienen Taschenbücher: „Glück, Erfolg und Harmonie“ und „Pessimismus ist heilbar“ und verschiedener Schulungswerke, die im Schellbach-Verlag erschienen sind. Leiter des Schellbach-Instituts und der Akademie für Führungskräfte.